京津冀 休闲垂钓游

2016～2017

北京市水产技术推广站　天津市水产技术推广站　河北省水产技术推广站　编

中国旅游出版社

总 策 划：李全录　罗会仁　吴更雨

总 顾 问：吴宝新

主　　编：贾丽　包海岩　田建中

副 主 编：何川　于毅　康辰香　丁子元

编　　委：黄文　徐睿　李鹏飞　沈钦一　张亚英　汤理思　张梅梅　陈翔　黄亮　李森　胡庆杰　李如潮　申慧卿　王文峰　张晶　张悦　张士海　常宝全　马胜利　王淼晶　魏元斌　张俊平　李中科　臧莉　李灏　邵蓬　张振奎　李贺密　唐广刚　马树敏　任万民　樊振中　赵国营　于建胜　魏建军　刘志亮　方旭　韩兴行　武宝岑　戴霖

顾　　问：那立海　潘志　刘春霞　张黎　潘勇

协助编著：

海淀区水产技术推广站
朝阳区种植业养殖业服务中心
房山区水产技术推广站
门头沟区农业综合服务中心
怀柔区水产技术推广站
昌平区畜牧水产技术推广站
平谷区水产技术推广站
顺义区水产技术推广站
丰台区渔政监督管理站
大兴区水产技术推广站
延庆区水产技术推广站
密云区水产技术推广站
天津市蓟县水产技术推广站
天津市宝坻区畜牧水产业发展服务中心
天津市武清区畜牧水产业发展服务中心
天津市北辰区水产技术推广站
天津市宁河区水产技术推广站
天津市西青区水产技术推广站
天津市东丽区水产技术推广站
天津市津南区水产技术推广站
天津市滨海新区塘沽水产技术推广站
天津市滨海新区汉沽水产技术推广站
天津市滨海新区大港水产技术推广站
天津市静海区畜牧水产业发展服务中心
石家庄市水产技术推广站
保定市水产技术推广站
沧州市水产技术推广站
承德市水产技术推广站
邯郸市水产技术推广站
衡水市水产技术推广站
唐山市水产技术推广站
邢台市水产技术推广站
秦皇岛市水产技术推广站

序 言

“垂钓绿弯春，春深杏花乱。潭清疑水浅，荷动知鱼散。日暮待情人，维舟绿杨岸。”又到了春暖花开、万物复苏的季节，走出户外、忘情山水是所有人心中的向往。在美好的季节，阳光灿烂的日子里，何不到风景秀丽、远离尘嚣的水边，感受“拈棹舞，拥蓑眠，不作天仙作水仙”的乐趣与洒脱？

《2016 ~ 2017 京津冀休闲垂钓游》一书从 2012 年《北京休闲垂钓自驾游》开始已经陆续出版了三版，此书自面市以来受到了广大垂钓爱好者的喜爱，并逐渐成为北京地区的垂钓指南。伴随两次改版，编者们不断更新其中内容，并充实了垂钓知识、渔具渔需、垂钓优惠信息、钓场周边旅游、餐饮、住宿、行车情况，使实用性大大增强，使其逐渐成为周末北京百姓的出行伴侣。

2016 年 3 月 31 日政府发布了《京津冀现代农业协同发展规划 (2016–2020 年)》，提出按照都市现代农业区和高产高效生态农业区的布局，推进京津和河北省环京津的 27 个县市加快建成环都市现代农业圈，实现农业田园景观化、产业园区化、功能多元化、发展绿色化，发挥率先突破、引领带动作用。为响应国家号召，此次《2016 ~ 2017 京津冀休闲垂钓游》一书的覆盖范围也扩大至河北、天津地区，使广大休闲垂钓爱好者们可以流连忘返京津冀三地，领略更多的风景。

休闲垂钓是一剂很好的医疗保健处方，从中医上讲，它能祛虑，平衡心态，解除心脾燥热。现代医学把生理、心理和环境三种因素确定为人体致病的机理，而钓鱼恰对这三种致病机理具有“抗、控、防”的效应。钓鱼可以集锻炼与娱乐于一身，并有：一得环境优雅、空气清新；二得精神愉悦、神清气爽；三得鱼鲜美味、补充营养；四得锻炼身体、保护视力；五得缓解压力、放松身心；六得心灵手巧、反应机敏；七得充实生活、其乐融融等诸多益处。此七得大有“赏景挥杆百病除，休闲养心胜药补”的奇效。

此次书籍的编写，汇集了北京市水产技术推广站、天津市水产技术推广站、河北省水产技术推广站及下属市、区县工作站众多工作人员的辛勤付出，在此一并表示感谢！

“坐观垂钓者，徒有羡鱼情。”风和日丽，让我们走向大自然，到湖滨河畔、溪流塘边，柳荫之下，菏莲之侧去尽情垂钓吧！

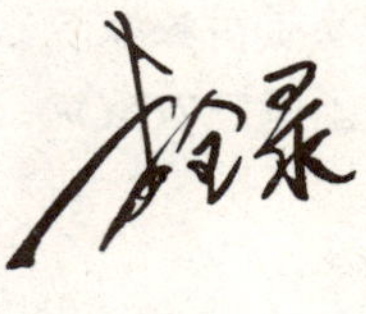

CONTENT

目录

天津地区

河北地区

PART

01

北京地区

BEIJING

北京 BEIJING

01

海淀区

1

海北绿园

休闲度假村

出行信息

地址：海淀区西北旺镇西玉河村海北绿园休闲度假村

驾车路线：从北五环上清桥京新高速入口进入京新高速，向北行驶至北清路出口，出辅路左转，沿北清路行驶3.3公里，右转进入永丰路，沿永丰路行驶1.1公里，左转进入丰润东路，沿丰润东路行驶60米，进入永丰路。沿永丰路行驶1.1公里，右转行驶660米，左转行驶110米，左前方转弯行驶10米，到达终点（在道路左侧）。

公交路线：人民大学乘坐384路公交车在西玉河村站下车即到。

垂钓品种及价格：草鱼15元/斤、鲤鱼12元/斤、鲫鱼13元/斤、青鱼18元/斤、罗非鱼18元/斤、白鲳18元/斤、鮰鱼18元/斤。

特色美食：干菜酱肉馅大包、柴香鸡、农家土鸡炖榛子。

重点推荐：大包子

餐饮人均消费：110元左右

住宿情况：标准间580元/间，最低能打5折。

安全保障：附近有加油站，位于北清路，距离约2公里；永丰派出所（010-62472844、62475261），位于西北旺镇六里屯村（永丰路），距离约3.5公里。

温馨提醒：用餐的大都是冲着大包子去的，想吃大包子一定要早点去，干菜酱肉馅最抢手。

联系电话：010-62470358、62470378、82476788，13031078623

持书优惠：用餐、洗浴、垂钓可打9～9.5折；住宿看入住量最低能打5折。

海北绿园休闲度假村位于海淀区西北旺镇西玉河村，集餐饮、垂钓、洗浴、住宿、会议、KTV为一体。餐厅装修风格清雅，一进门便扑鼻而来柴香鸡的诱人香气，大厅内设有小桥流水，听着潺潺的流水声，看着水中嬉戏的鱼儿顿时让人身心愉悦。餐厅服务周到细致，菜品精致，特色的干菜酱肉馅大包子非常热销，来得晚点就吃不到了，咬上一口保证您回味无穷。每年4月26日至6月10日会举办垂钓比赛，垂钓最多能接纳800人，适合团体休闲度假。

2

绿岛养殖园

海至丹酒店

出行信息

地址：海淀区上庄镇上庄水库北岸向西1000米

驾车路线：路线1：从北五环肖家河桥行驶至圆明园西路，至永丰路到头上北清路，往西到上庄路，一直向北到水库大桥桥北时左转，向西顺着湖面路一直前行，注意按右侧（北京海至丹酒店）指示牌箭头方向行驶。

路线2：由京藏高速公路下到北清路，一直向西到上庄路，一直向北到水库大桥桥北时左转，向西顺着湖面路一直前行，注意右侧（北京海至丹酒店）指示牌箭头方向行驶。

公交路线：在安河桥北站乘坐512路公交车，或在颐和园乘坐303路公交车在上庄南口站下车西行500米即到。

垂钓品种及价格：青鱼20元/斤、草鱼15元/斤、鲫鱼15元/斤、鲤鱼15元/斤、黑鲇鱼20元/斤、花鲢15元/斤、罗非鱼16元/斤、白鲳16元/斤；租杆10元/套；鱼食颗粒2元/包。

特色美食：海参宴

餐饮人均消费：180元

安全保障：附近有汽车修理厂，距渔场2公里；加油站位于镇政府南侧，距离约5公里；上庄派出所（010-62475262），位于上庄镇上庄路33号。

温馨提醒：为能及时用餐，请至少提前1天电话预约；可以自带酒水、饮料、烧烤用具。

联系电话：010-62476085，13521133078

住宿情况:标准商务房门市价568元/间，折扣价398元/间，含早餐；豪华商务房门市价688元/间，折扣价482元/间,含早餐。豪华行政套房门市价988元/间，折扣价692元/间，含早餐。

持书优惠：用餐享8.5～9折优惠；住宿7折优惠（含早餐），凭房卡每天在酒吧厅免费享用一杯咖啡或茶水。如连开6间房可房价较高的或同一房价的房间免一（免费房不含早餐）。可享受次日14:00退房不加收，超过18:00加半天房费。

绿岛养殖园是集室内、室外垂钓，吃住玩一条龙服务。养殖园是地下水养殖，无污染，干烧鱼是特色。垂钓最多能接纳60人。园中的海至丹酒店是一家集餐饮、客房、小型会议、娱乐于一体的园林式休闲度假酒店，环境优雅，交通便捷，远离城市的喧嚣和污染，以主营高档、健康的商务养生海参宴为理念，是休闲度假、旅游、公司会议的理想选择。

3

稻香

垂钓园

出行信息

地址：海淀区苏家坨镇西小营村东

驾车路线：路线 1：八达岭高速延庆方向，北安河出口出辅路后左转至北清路，西行约 13 公里，右转进入温阳路，沿温阳路北行过第二个红绿灯后见渴望餐厅指示牌右转即到。

路线 2：西六环海淀方向，北清路出口至北清路，向东行约 2 公里，左转进入温阳路，沿温阳路北行过第二个红绿灯后见渴望餐厅指示牌右转即到。

公交路线：在颐和园乘坐 330 路公交车，或者在西直门乘坐 651 路公交车在西小营车站下车，北行 500 米即到。

垂钓品种及价格：随市场价格浮动

特色美食：农家饭菜

重点推荐：冬季能练杆，渴望餐厅的烙饼卷带鱼

餐饮人均消费：50 元

安全保障：附近有加油站，位于温阳路稻香湖路口，距渔场约 1.5 公里；渔场西侧 50 米有一家小型汽车修理厂；苏家坨派出所（010-62454658、62451116），位于苏家坨镇西小营村（温阳路 119 号）。

温馨提醒：可以自带烧烤用具，也可租用渔场的垂钓和烧烤用具。

联系电话：010-6245617，13601302895（联系人：王德禄）

稻香垂钓园夏季可容纳 500 人同时垂钓，冬季可练杆，能同时容纳 100 人。渔场王老板非常能干，热情好客。渔场内设温室大棚，四季均可垂钓。邻院的渴望餐厅主要以农家饭菜为特色，价格实惠，重点推荐烙饼卷带鱼，酥软味浓。

4

安金香淡水养殖场

柳林渔场

出行信息

地址：海淀区苏家坨镇柳林村西，京密引水渠西侧

驾车路线：路线 1：八达岭高速延庆方向，北安河出口出辅路后左转至北清路，西行约 16 公里，右转进入温北路，沿温北路北行约 1 公里即到达。

路线 2：西六环海淀方向，北清路出口至北清路，西行约 2 公里，右转进入温北路，沿温北路北行约 1 公里即到达。

垂钓品种及价格：德国鲤、草鱼、鲫鱼、罗非鱼、中华鲟鱼，价格随市场价格浮动。

特色美食：酱焖鱼、一鱼两吃、侉炖鱼、野味、农家炒菜等。

餐饮人均消费：40 ~ 50 元

安全保障：附近有加油站，位于温阳路稻香湖路口，距渔场约 2.5 公里；苏家坨派出所（010-62454658、62451116），位于苏家坨镇西小营村（温阳路 119 号）。

温馨提醒：节假日专程去吃酱焖鱼和一鱼两吃的人很多，有时需要排号；可以自带烧烤用具，也可租用渔场的垂钓和烧烤用具。

联系电话：13520256665（联系人：马福涛）

柳林渔场临近凤凰岭景区，凤凰岭的龙泉寺香火旺盛。渔场可同时容纳 100 人左右，现已加盖大棚，四季均可垂钓，临近公路，交通方便。渔场内设风味餐厅，可代加工亲自钓上的鲜鱼，重点推荐酱焖鱼、一鱼两吃和侉炖鱼，味道独特，价格实惠。老板是当地的一对中年夫妻，朴实热情，待人随和，服务周到。

5

吕剑成养殖场

荷花湾垂钓园

出行信息

地址：海淀区苏家坨镇草厂村东

驾车路线：路线1：八达岭高速延庆方向，北安河出口出辅路后左转至北清路，西行约16公里，右转进入温北路，沿温北路北行约1公里见荷花塘左转即到达。

路线2：西六环海淀方向，北清路出口至北清路，西行约2公里，右转进入温北路，沿温北路北行约1公里见荷花塘左转即到。

垂钓品种及价格：鲫鱼12元/斤、青鱼15元/斤、草鱼12元/斤、鲤鱼12元/斤、罗非鱼15元/斤。以上价格随市场价格浮动。

特色美食：农家菜

餐饮人均消费：经济实惠

安全保障：附近有加油站，位于温阳路稻香湖路口，距渔场约2.5公里；苏家坨派出所（010-62454658、62451116），位于苏家坨镇西小营村（温阳路119号）。

温馨提醒：可以自带烧烤用具，也可租用渔场的垂钓和烧烤用具。

联系电话：13021063036；13911190542

荷花湾垂钓园可容纳300～400人同时垂钓，冬季可练杆，夏季可赏荷花。垂钓园内设餐厅，干净卫生，价格实惠。

北京 BEIJING

02

朝阳区

1

蟹岛

出行信息

地址：朝阳区蟹岛路 1 号

驾车路线：经机场辅路到和平农场或经机场高速到苇沟出口右行 300 米即到。

公交路线：乘 418 路、688 路、641 路、640 路公交车蟹岛度假村站下车即到。

垂钓品种及价格：鲤鱼 16 元 / 斤，鲫鱼 20 元 / 斤，草鱼、胖头鱼 20 元 / 斤，武昌鱼 22 元 / 斤，罗非鱼 28 元 / 斤，青鱼 30 元 / 斤，鲟鱼 68 元 / 斤，翘嘴红鲌 40 元 / 斤，河蟹 80 ~ 256 元 / 斤，室外垂钓 100 元 /6 小时，150 元 / 天。

特色美食：绿色农家菜

重点推荐：室内垂钓

人均消费：50 元起

安全保障：附近有金盏乡派出所和朝政汽车修理厂（电话：010-84333366），均位于 1 公里 左右的金盏乡金盏大街。

住宿情况：普通客房在 200 ~ 500 元之间

温馨提醒：水深请带小孩的游客注意安全

开放时间：全年开放 ,9:00 ~ 18:00

联系电话：010-84324910，13693342495

网址：http://www.xiedao.com

北京蟹岛集团位于朝阳区金盏乡境内，紧邻首都机场高速路，距离首都国际机场仅 7 公里，是一家集生态农业与旅游观光为一体的大型品牌企业。蟹岛集团以生态农业为轴心，依据生物链原理，将种植业、养殖业、水产业、微生物工程、再生能源、水资源利用、有机农业技术开发、农产品加工、销售、餐饮住宿、旅游会议等产业，构建成为相互依存、相互转化、互为资源的循环闭系统。通过各个公司的资源协调整合，整个蟹岛实现了农作物、动物、微生物之间的生态平衡，建立一个比较完善的循环经济产业模式，成为一个环保、高效、和谐的经济生态园区。公司总占地面积 22 万平方米，其中垂钓水域 20 万平方米，分室内与室外两个区域，室内垂钓馆蟹宫室内面积 7000 多平方米，共有 15 个水池，宫内有假山、花木、盆景，环境优美，服务设施齐全，是华北最大的四季垂钓馆；室外面积 40000 平方米，11 个水池，放养的水产有中华鳖、中华蟹、虹鳟、罗非鱼、彩虹鲷、鲫鱼、草鱼、鲤鱼等 20 余种。其中虹鳟鱼来自山泉汇合而成的溪流之中，真正源于自然，是纯正的野生鱼；中华鳖产于洞庭湖，是人工孵化的鳖苗，放入湖中自然长大，属半野生鱼群，其他鱼种为蟹岛自己养殖，均施行绿色养殖，饵料都是自行配制，均为无激素纯绿色饵料。池里的水是来自深井的纯净地下水，又有抽氧机和增氧机同步制造新鲜氧气，保证钓上来的鱼儿新鲜肥美。

作为京郊休闲农业的龙头企业，蟹岛内有不同风味餐厅，提供农家饭、地方特色菜和海鲜等菜品以满足各类消费人群需要。

2

朝阳区水产科技园

出行信息

地址：朝阳区楼梓庄乡皮村路

驾车路线：从机场高速苇沟出口走东苇路转金榆路（楼梓庄路）。车程15分钟。

公交路线：983路、639路、989路海洼子站下车即到。

垂钓品种及价格：鲤鱼16元/斤，鲫鱼20元/斤，草鱼、胖头鱼20元/斤，武昌鱼22元/斤，罗非鱼28元/斤，青鱼30元/斤，蓝鲨50元/斤

餐饮人均消费：50元

开放时间:全年开放。冬季:8:00～17:30，春、夏、秋季：7:00～18:00

安全保障：附近有楼梓庄派出所和朝政汽车修理厂（电话：010-84333366），均位于临近1.5公里左右金盏乡金盏大街。

联系电话：010-84331130

朝阳区水产科技园位于朝阳区金盏乡境内，是朝阳区“都市农业”建设重点项目，园区占地330亩，拥有养殖水面230亩，分为水产养殖区、孵化区、垂钓区、娱乐休闲区四个部分。水产科技园环境优美，空气清新，是市民休闲体验的好去处。园内建有1200平方米的高标准孵化池，园区繁育的优质鱼苗成活率高，鱼苗整齐一致，体质强，非常适合繁殖，深受广大养殖户的欢迎。

园内建有代表水产养殖最高水平的2000平方米的工厂化养殖车间，可确保10万公斤苗种安全越冬。在淡水养殖中，园区将生物、物理化学技术进行了有机结合，利用现有的地热水资源使水产养殖系统达到最佳状态，从而最大限度地提高了单位面积产量。利用循环水养殖技术，明显降低了鱼类养殖的耗水量，弥补北京地区水资源紧张的不足。

园区配套建设了能同时供400人垂钓的垂钓区，并建有2500平方米的垂钓宫一座，可四季进行垂钓。可同时提供80人就餐的特色餐厅，餐饮设施齐全，能为垂钓客提供可口的家常菜，且价格公道。

北京 BEIJING

03

房山区

1

园田

垂钓园

出行信息

地址：房山区青龙湖镇南观村北

驾车路线：走京港澳高速至大件路出口向大件路燕山方向，行至羊头岗西口右转走到头，从T字路口左转过铁道桥洞右手边即可。

公交路线：可以在六里桥北里乘坐901路，在燕化东岭下车，直行一段便可到达。

垂钓品种及价格：虹鳟30元/斤、鮰鱼20元/斤、青鱼20元/斤、鲟鱼48元/斤、草鱼18元/斤、青鱼20元/斤、鲤鱼15元/斤

特色美食：房山特色农家菜、烤鱼、烤羊腿

餐饮人均消费：50元

开放时间：4月28日至10月28日

安全保障：青龙湖镇派出所：010-80379283；加油和汽车维修：青龙镇南观村口有一处加油站。附近有汽车修理处。

温馨提醒：早晚温差较大，请注意防寒。

联系电话：13716721631

园田垂钓园所在之处是龙潭泉水涌出的旧址，有诗云：青山叠翠百花艳，龙潭清泉绕村边；南北公路通幽处，迎来四海宾朋客；鸟语花香春满园，山村别有小洞天；有幸南观来做客，赛过今生活神仙。

2

燕龙垂钓园

农家乐旅游观光园

出行信息

地址：房山区青龙湖镇南观村

驾车路线：走京港澳高速至大件路出口向大件路燕山方向，行至羊头岗西口右转走到头，行丁字路口左转50米上坡后即到。

公交路线：可以乘坐房52路车，在八十亩地站下车，向北直行200米便可到达。

垂钓品种及价格：武昌鱼20元/斤、草鱼18元/斤、青鱼20元/斤、鲫鱼15元/斤

特色美食：农家菜、山野菜、粗粮、烤鱼

重点推荐：夏季凉爽，环境优美，山水环绕

餐饮人均消费：60元

开放时间：4月28日至10月28日

安全保障：青龙湖镇派出所：010-80379283；加油和汽车维修：青龙镇南观村口有一处加油站。附近有汽车修理处。

温馨提醒：春秋温差大，早晚凉、风大，注意防寒保暖。

联系电话：13381163410

整个垂钓园位于山崖边上，山上的泉水一直流到山下，造就了这里的秀美景色，园内修建了多种服务设施，可以尽情娱乐。

3

一亭一筑

出行信息

地址：房山区青龙湖镇南观村

驾车路线：走京港澳高速至大件路出口向大件路燕山方向，行至羊头岗西口右转走到头，从丁字路口左转1000米左右即到。

公交路线：可以乘坐房52路公交车，在八十亩地站下车即可达。

垂钓品种及价格：鲟鱼48元/斤、虹鳟30元/斤、草鱼18元/斤、青鱼20元/斤

特色美食：江南农家菜

重点推荐：篝火晚会、婚纱摄影、咖啡厅、酒吧

人均消费：50～80元

开放时间：全年营业

安全保障：青龙湖镇派出所：010-80379283；加油和汽车维修：青龙镇南观村口有一处加油站。附近有汽车修理处。

联系电话：13001129175，15313959995

“一亭一筑”养生会所占地5000平方米，英文名称翻译为“Stop and Stay”，谐音“一停一住”，寓意停留与驻足之地。会所依山傍水，风景宜人，有15间客房，环境优雅，干净整洁，适合养生、读书、垂钓和聚会。

4

王云

垂钓园

出行信息

地址：房山区青龙湖镇南观村铁路北大街7号

驾车路线：走京港澳高速至大件路出口向大件路燕山方向，行至羊头岗西口右转走到头，从丁字路口左转过铁道桥后马上右转直行200米即到。

公交路线：可以乘坐房26路或52路车，在南观村站下车，向东300米即可到达。

垂钓品种及价格：虹鳟30元/斤、鮰鱼30元/斤、青鱼20元/斤、鲟鱼48元/斤、草鱼18元/斤、鲤鱼12元/斤

特色美食：老干妈炒鱼块、鲟鱼五吃

重点推荐：住宿农家院，享受田园乐趣

人均消费：50～100元

开放时间：4月28日至10月28日

安全保障：青龙湖镇派出所：010-80379283；加油和汽车维修：青龙镇南观村口有一处加油站。附近有汽车修理处。

联系电话：13716735464

垂钓园内有能容纳200多人就餐的农家院，可以品尝到地道的农家风味，原生态的野菜野味清新鲜美，像山野菜、花椒芽、小河虾、柴鸡蛋、贴饼子、菜团子、窝头、小米粥、玉米粥等，各种泉水鱼的深加工，如王氏烹鱼、秘制水煮鱼、野山菌鱼片汤、孜然茴香鱼、烤鱼等。独特的加工方法，可满足游客不同口味的需求，让您大饱口福，回味无穷。

新建的农家院干净整洁，配有独立卫生间、空调、电视，可提供24小时热水，是一家集食、住、游、娱乐为一体的综合性农家院。

5

三渡

垂钓园

出行信息

地址：房山区张坊镇穆家口村

驾车路线：自北京京港澳高速至琉璃河出口，后上岳琉路从武侯路口左转，走房易路、云居寺路，在云居寺路口左转，向张坊方向100米即到。

公交路线：可以乘坐917路公交车，在穆家口站下车即可到达。

垂钓品种及价格：虹鳟30元/斤、鲫鱼16元/斤、草鱼16元/斤、鲤鱼15元/斤

特色美食：烤鱼、侉炖鱼

重点推荐：三渡水上乐园，可拍婚纱照

人均消费：30元

开放时间：4月28日至10月28日

安全保障：张坊镇派出所：010-61339717

温馨提醒：早晚温差较大，注意添加衣服。

联系电话：010-61344291

三渡垂钓园位于拒马河边，环境清幽，客房条件良好，价格公道。周边景区有石经山、云居寺。这里可观看少数民族表演，也可在水上乐园尽享快乐。

6

花溪垂钓园

海至丹酒店

出行信息

地址：房山区张坊镇片上村一渡

驾车路线：自北京京港澳高速至琉璃河出口，后上岳琉路从武侯路口左转，走房易路、云居寺路，到云居寺路口左转，向张坊一十渡方向一见加油站右转直行 2 公里即到。

公交路线：可以乘坐 917 路或 836 路公交车，在一渡站下车，向南 500 米即可到达。

垂钓品种及价格：鲟鱼 58 元 / 斤、虹鳟 28 元 / 斤、鲫鱼 16 元 / 斤、草鱼 16 元 / 斤、鲤鱼 14 元 / 斤

特色美食：鲟鱼宴、柴锅羊肉、烤鱼、烤羊腿

重点推荐：高尔夫球，各种娱乐

人均消费：30 元

开放时间：4 月 28 日至 10 月 28 日

安全保障：张坊镇派出所：010-61339717

联系电话：010-61338595

花溪垂钓园坐落于世界地质公园美丽的十渡风景区的一渡。两旁山峰起伏，河水蜿蜒荡漾，交通便捷，是通往十渡及野三坡风景区的必经之路，地理位置十分优越。院内干净整洁，既可垂钓又可餐饮、住宿。主人热情大方，特色烧烤、纯绿色食品让人吃得放心，玩得开心，住得舒心！

7

和喜

农家院

出行信息

地址：房山区十渡镇七渡村

驾车路线：自北京京港澳高速至琉璃河出口，后上岳琉路从武侯路口左转，走房易路、云居寺路，在云居寺路口左转，向张坊—十渡方向到七渡即到。

公交路线：可以乘坐 836 路公交车，在七渡站下车即可到达。

垂钓品种及价格：鲤鱼 20 元 / 斤、鲫鱼 20 元 / 斤

特色美食：烤虹鳟鱼、侉炖鱼、烤羊腿、烤羊排、炸香椿、花椒芽

重点推荐：烟花、篝火

人均消费：50 元

温馨提醒：夜晚有风情歌舞表演、篝火晚会。

开放时间：4 月 28 日至 10 月 28 日

安全保障：十渡镇派出所：010-61340780

联系电话：010-61344266，13716829936

和喜农家院拥有餐饮、住宿、垂钓、景点观光等娱乐项目，此外还提供停车场。特色菜有虹鳟鱼、羊腿、羊排、炸花椒芽、香椿、河鱼、凉拌香椿、柳芽，主食有贴饼子、菜团子。住宿设施齐全，室内有卫生间，包括热水器、电视机、空调，本店可容纳 40 余人住宿。

8

渔美香

农家院

出行信息

地址：房山区十渡镇七渡村

驾车路线：自北京京港澳高速至琉璃河出口，后上岳琉路从武侯路口左转，走房易路、云居寺路，在云居寺路口左转，向张坊—十渡方向到七渡后马路右侧即到。

公交路线：可以乘坐 836 路公交车，在七渡站下车即可到达。

垂钓品种及价格：鲟鱼 60 元 / 斤、虹鳟 35 元 / 斤、草鱼 25 元 / 斤、鲤鱼 20 元 / 斤

特色美食：鱼宴、农家菜

人均消费：50 元

温馨提醒：早晚温差较大，注意防寒。

开放时间：4 月 28 日至 10 月 28 日

安全保障：十渡镇派出所：010-61340780

联系电话：13661050929

门前，拒马河水匆匆流过；后院，九脸画山巍峨耸立。风景优美，如在画中。南北两处院落，可同时接待100人住宿，独立卫浴，干净整洁，全天热水，宾至如归。在这里可以尽享垂钓之乐。渔美香农家院的秘制虹鳟鱼，味道鲜美，香气四溢，由此得名“渔美香”。

9

山里娃

农家院

出行信息

地址：房山区十渡镇西庄村

驾车路线：自北京京港澳高速至琉璃河出口，后上岳琉路从武侯路口左转，走房易路、云居寺路，在云居寺路口左转，向张坊—十渡方向到十渡大桥左转，一直行 500 米左边即到。

公交路线：可以乘坐 836 路公交车，在西庄村下车，向南 150 米即可到达。

垂钓品种及价格：虹鳟 30 元 / 斤、草鱼 20 元 / 斤、鲤鱼 20 元 / 斤

特色美食：烤羊腿、山野菜、卤水豆腐、粗粮、烤鱼

重点推荐：激情漂流、骑马、真人 CS

人均消费：20 ~ 30 元

温馨提醒:春秋季节温差大，注意防寒保暖。

开放时间：4 月 28 日至 10 月 28 日

安全保障：十渡镇派出所：010-61340780

联系电话：010-61347867，15910397891

山里娃农家院距北京六里桥 96.4 公里，小院依山傍水，风景优美，南 100 米有河流，西 50 米有山，这里可住宿、娱乐、旅游，在清新的空气中放松身心，是一个周末休闲旅游的理想场所。

10

老杨

农家院

出行信息

地址：房山区十渡镇西河村

驾车路线：自北京京港澳高速至琉璃河出口，后上岳琉路从武侯路口左转，走房易路、云居寺路，在云居寺路口左转，向张坊—十渡方向到十渡桥左转。一直行 2 公里左手边即到。

公交路线：可以乘坐 917 路公交车，在西河站下车即可到达。

垂钓品种及价格：鲟鱼 50 元 / 斤、虹鳟 40 元 / 斤、鲫鱼 20 元 / 斤、草鱼 20 元 / 斤、鲤鱼 20 元 / 斤

特色美食：烤鱼，清蒸、红烧各种野菜

人均消费：30 ~ 50 元

温馨提醒：早晚温差较大，须多带点衣服。

开放时间：4 月 28 日至 10 月 28 日

安全保障：十渡镇派出所：010-61340780

联系电话：010-61340711，13522579005

老杨农家院距十渡、东湖港、拒马乐园、孤山寨都很近。值得一提的是，小院主人别出心裁，在屋顶种植了大量蔬菜。除垂钓外，还有桃子、葡萄、李子、石榴可供采摘。小院主人还热爱根雕，有此爱好的朋友可来切磋鉴赏。由于小院独特的地理位置，足不出户便能欣赏到山间的景色。

11

蓝漪

垂钓园

出行信息

地址：房山区十渡镇西河村

驾车路线：自北京京港澳高速至琉璃河出口，后上岳琉路从武侯路口左转，走房易路、云居寺路，在云居寺路口左转，向张坊—十渡方向到十渡桥左转，一直行 2 公里右手边即到。

公交路线：可以乘坐 836 路公交车，在前头港站下车即可到达。

垂钓品种及价格：鲟鱼 38 元 / 斤、虹鳟 38 元 / 斤、草鱼 15 元 / 斤、青鱼 25 元 / 斤、鲤鱼 15 元 / 斤

特色美食：烤鱼、侉炖鱼

人均消费：50 元

开放时间：4 月 28 日至 10 月 28 日

安全保障：十渡镇派出所：010-61340780

联系电话：010-61340952，13716329277

蓝漪垂钓园环境优美，设施齐全，是提供食、住、玩的综合性休闲娱乐场所。

12

南召渔场

出行信息

地址：房山区琉璃河镇南召村

驾车路线：自北京京港澳高速至窦店出口，窦店环岛交道方向，在交道路口右转，向南行驶过袁庄村，进入南召村西见加油站左转，行驶 20 米右转，直行 100 米即到。

公交路线：可以乘坐房 35 路公交车，在西南召村下车，向北 300 米即可到达。

开放时间：4 月 28 日至 10 月 28 日

周边旅游景点：东岳庙、关岳庙，清真寺

安全保障：琉璃河镇派出所：010-61393525

联系电话：010-80399571，13641154926

南召渔场垂钓面积 1 万平方米，垂钓品种有鲤鱼、草鱼、罗非鱼等。

北京 BEIJING

04

门头沟区

1

京西信翔

生态养殖垂钓园

出行信息

地址：门头沟区永定镇侯庄子村

驾车路线：沿阜石路高架快速路门头沟方向，到双峪路红绿灯左转，往南约 1 公里（第二个红绿灯）左转往东掉头，过小桥即到。

公交路线：可乘坐 977 快、964 路、890 路、959 路公交车在八五三部队下车，向东步行 1.1 公里；或乘坐 941 路公交车在滨河小区站下车，步行 660 米即到。

垂钓品种及价格：草鱼、鲤鱼、鲫鱼、青鱼，价格 12 元 / 斤左右

特色美食：金丝凤尾虾、活鱼加工

人均消费：50 元左右

开放时间：4 月初至 10 月底

营业时间：8:00 ~ 18:00

安全保障：永定镇派出所 010-69804633；车辆维修 010-69804769

温馨提醒：可提供竞技比赛一条龙服务。

联系电话：010-61863279、61863289（订餐）

京西信翔垂钓园位于门头沟区中心地带，离市区近，从二环到这里只需 40 分钟。这里可以观光、休闲、垂钓、餐饮，是一家农业生态园区。室外设有 6 个标准鱼塘，可容纳 300 人同时垂钓比赛。垂钓园区设施完备，为您在喧闹的都市中开辟出一片放松身心的休闲之地。

2

清水虹鳟渔场

出行信息

地址：门头沟区清水镇上清水村

驾车路线：莲石路到门头沟石门营环岛右转至水闸向北沿 109 国道直行到清水镇上清水村，见龙门涧路口右转直行 500 米有标牌。

公交路线：从苹果园地铁站乘坐 892 路公交车至上清水村下车，拨打电话有人接待。

品种及价格：虹鳟 35 元 / 斤，中华鲟 80 元 / 斤

特色美食：千层饼蘸蜂蜜、炖柴鸡、木兰芽、卤水豆腐、生鱼片、烤鱼、侉炖鱼、一鱼三吃、三鱼五做等。

人均消费：50 ~ 60 元

开放时间：全天 24 小时营业，全年都可垂钓品鱼

安全保障：治安电话：010-60855478；消防电话：010-60855814；车辆维修：15810271254

温馨提醒：山里寒冷，比城区要低 5℃ ~ 7℃。千层饼最受客人喜欢，周边有灵山风景区、龙门涧风景区、百花山风景区、小龙门森林公园等，是餐后休闲的一大选择。

联系电话：010-60855162

清水虹鳟渔场位于北京西部山区最高山灵山脚下，是 1982 年北京市政府提倡山冷泉水养龟所建的第一批渔场。渔场还保留着周总理去朝鲜访问时，金日成送给我国的那批鱼种。渔场处在深山区，因此山高林密，气候凉爽、空气清新，全场依山傍水，山脚下涌出清泉，四季水流不断。随着旅游业发展及各方面的需要，渔场又办起了农家乐，有夏季旅游观光、垂钓、烧烤、采摘、民俗旅游、周末休闲避暑等项目，力求为游客提供更好的服务。场内提供标准单间和多人间，单间为 100 元 / 人，多人间为 20 元 / 人。

3

青泉

采摘园

出行信息

地址：门头沟区雁翅镇高台村

驾车路线：从门头沟城子大街沿109国道行驶至芹峪口，右转沿芹南路行驶8公里即到。

公交路线：从苹果园乘892路公交车至高台村站下车（发车时间：9:00，17:00各一班，约1小时20分钟到）

垂钓品种及价格：有草鱼、鲤鱼、鲢鱼、鲫鱼，价格一律15元/斤。

特色美食：地道农家饭

餐饮人均消费：50元

周边景点：有民俗古村落，有与潭柘寺齐名的白瀑寺，有红色京西第一党支部等。

开放时间：5～10月

安全保障：村中有巡逻员进行日常治安检查，有护林防火员进行消防安全方面的工作，离村不远处有车辆维修站，村内有供车辆停放的公共停车场。

温馨提醒：可提前电话咨询，以便更好地为您提供所需的信息和服务。持此书可享受一定的优惠和特色小礼品。

联系电话：010-61837182，15910308174（高万义）

青泉山庄风景秀美，景色宜人，是天然氧吧，是户外旅游、休闲观光、采摘垂钓的绝佳去处。北京青泉山庄主要以休闲垂钓，观光采摘为主，庄内餐厅、宾馆、KTV、棋牌室、台球室、农家乐一应俱全。住宿环境优良，精装修，设备齐全，有标准间、双人间、大床房，均价100元/天。垂钓水库面积达1500平方米，地势较低，垂钓方便，水库水源为天然泉水，环境优良，周边无任何污染，环境保护很好，库区内有野生鱼，放养鱼。

4

王春柳

垂钓园

出行信息

地址：门头沟区清水镇塔河村龙王口

驾车路线：门头沟沿 109 国道，路上有百花山、灵山路标，行驶大约 70 公里时会有百花山路口路标，左转弯进入百花山路，约行驶 20 分钟即到（路过两个村庄梁家铺和塔河）。

公交路线：可在苹果园地铁总站乘坐 892 路公交车（开往百花山方向），龙王口下车。

垂钓品种及价格：鱼的种类有草鱼、鲫鱼、白鲢、胖头鱼、鲤鱼。计时塘，8 小时 60 元；高钓塘，20 元 / 斤。

特色美食：烤羊腿、纯农家柴鸡蛋、清水豆腐

重点推荐：垂钓园里的鱼多数是水库里野生的，味道非常鲜美，没有土腥味。

人均消费：50 元左右

开放时间：4 月 28 日至 10 月 28 日

安全保障：清水派出所电话：010-60855478；车辆维修电话：010-61826044

温馨提醒：双休日人员比较多，可提前订房。

联系电话：13683636750 、13621076813

王春柳垂钓园位于门头沟区百花山脚下，环境幽雅，依山傍水，气候宜人，年平均气温 24℃，是旅游、消暑纳凉的好去处。标准间为三人间，房间非常整洁干净，屋内还配备了卫生间和洗澡间。垂钓园紧邻百花山风景区、百花谷风景区，距灵山风景区、爨底下风景区仅 30 分钟车程。

5

瑞丰农庄

出行信息

地址：门头沟区永定镇侯庄子村

驾车路线：路线1：莲石路－石门营环岛－葡萄嘴环岛向东1公里即到。路线2：阜石路高架－双峪环岛左转－葡萄嘴环岛左转1公里即到。

公交路线：可乘坐977快、964路、890路、959路公交车在八五三部队下，向东步行1.1公里。

钓鱼价格：练杆30元/天、计时100元/天、周三、周六、放鱼日150元/天

周边景点：潭柘寺风景区、戒台寺风景区

开放时间：室外4月15日至10月15日6:00～16:00；室内10月15日至次年4月15日8:00～16:00

安全保障：永定镇派出所：010-69804633；车辆维修电话：010-69804769

联系电话：010-61864357，13910884202

瑞丰农庄位于美丽的永定河畔，距北京城25公里，距戒台寺、潭柘寺15公里，是集观光、采摘、垂钓、旅游于一体的农家乐园。在这里您可以亲近自然，尽情体验农家乐趣。

6

老四

垂钓园

出行信息

地址：门头沟区妙峰山镇丁家滩村北头

驾车路线：从阜成门出发，走阜石路、阜石路高架桥到双峪环岛路口右转，沿滨河路向北，穿过铁路桥、经过水闸（直行）、进入 S108 省道，经龙泉雾（直行）、陈家庄、嬉水湾（右行）、陇驾庄、到达丁家滩村，（左转）过漫水桥，（右转）沿河边公路向北行 500 米，路左下坡即到。

公交路线：890 路公交车（北京西站南广场—丁家滩村）；929 路公交车（苹果园地铁站西—千军台）丁家滩村站下车。

垂钓品种及价格：鲤鱼、鲫鱼、草鱼，每周三、周六放鱼，放鱼日每杆 80 元；其余时间每杆 60 元。

餐饮人均消费：35 元

特色美食：野菜，香椿鸡蛋，农家炖鱼

周边景点：妙峰山景区、京西古道风景区、永定河生态走廊

温馨提醒：提供鲜鱼加工、烧烤。

安全保障：妙峰山派出所电话：010-61881737；车辆维修电话：010-69851142

联系电话：13716690076

老四垂钓园位于永定河畔，依山傍水、环境优美，垂钓餐饮住宿设施完备，从市中心自驾车只需 50 分钟。场主在门头沟垂钓行业也是小有名气，好结交钓友，垂钓爱好者可以前来交流。园内还提供采摘项目。

北京 BEIJING

05

怀柔区

1

三亩园

度假村

出行信息

地址：怀柔区渤海镇

驾车路线：自京承高速 14 号出口，走怀柔城区青春路北环岛，往慕田峪长城方向 6 公里处即到。

垂钓品种及价格：虹鳟鱼 25 元 / 斤、纯野生青鱼 25 元 / 斤、草鱼 18 元 / 斤、鲤鱼 15 元 / 斤

特色美食：泉水虹鳟

重点推荐：烤全羊、特产杏仁、现采玉米及其他特色农作物

人均消费：40 ~ 80 元

温馨提醒：早晚温差大，请自带衣服以防着凉。

安全保障：渤海镇派出所电话：010-61631884

开放时间：全年开放。（节假日人多请提前预订）

联系电话：010-60637129

三亩园度假村紧邻慕田峪古长城、圣泉寺，往北有红螺寺、雁栖湖、青龙峡等多处景点；交通十分便利，开车仅需十几分钟即可到达想去的景点游玩。

度假村总占地 3.33 万平方米，能同时容纳 200 人就餐、150 人住宿，价格为 120 ~ 240 元 / 间。这里可以垂钓、烧烤、餐饮、住宿、休闲、娱乐。舒适清新的自然空气、体贴细心的服务赢得了游客的赞赏。推窗吸吮花草的芬芳，聆听大自然的声音；呼吸清新空气，吹吹山里清凉的山风，是一种美好的享受。

2

顺通

虹鳟鱼养殖中心

出行信息

地址：怀柔区渤海镇田仙峪村北

驾车路线：京承高速 13 出口宽沟出口，慕田峪方向慕田峪长城环岛直行 100 米右转 3 公里至箭扣长城下。

垂钓品种及价格：三文鳟、金鳟、仙女鳟、河鳟、褐鳟、哲罗鲑、白点鲑、日光鲑、七彩鲑、鲟鱼等。鳟鱼 28 元 / 斤、金鳟鱼 38 元 / 斤

特色美食：生吃、烧烤、红烧虹鳟

人均消费：60 元

开放时间：全年开放（节假日期间人多请提前预订）

温馨提醒：2008 年奥运食品鳟鱼供应企业，确保鱼品质，保证您不虚此行。另外，周边有慕田峪长城、响水湖长城、红螺寺、圣泉寺、黄花城水库等景点可以游览，车程都在 10 ~ 40 分钟之间。

安全保障：渤海镇派出所电话：010-61631884

联系电话：010-61626088、61626043，13910022638

北京顺通虹鳟鱼养殖中心，位于怀柔慕田峪长城景区的箭扣长城脚下，交通便利，距北京市区 70 公里，距机场 40 公里。2000 年通过 ISO9001 国际质量管理体系认证，2002 年被评为“北京国家级鲑鳟鱼良种场”。2007 年通过奥组委认定为“2008 奥运食品鳟鱼专供企业”。

北京顺通度假中心成立于 1997 年，以虹鳟鱼养殖中心为基础，以虹鳟鱼垂钓、烧烤、农家菜为中心逐步发展，已经走过了十年的历程。凭借着得天独厚的地理条件和农家人的淳朴文化，“顺通”虹鳟鱼发展成为“怀柔虹鳟鱼特产”的品质的象征。在这里可以垂钓、烧烤、会议、住宿、采摘、植树等，中心还能提供旅游线路策划、出车接送，是一家综合型度假中心。住宿规格多样化，适合不同需求的消费者，有三人家庭套房、双人标准间、火炕套房间、集体别墅、日式榻榻米等，可以提供 120 人同时入住。

餐厅可以供 1100 人同时就餐，有室内高雅别致的空调单间和清凉舒爽的水上餐厅、靠近水库边缘的露天餐厅，适合家庭聚餐、朋友聚会、商务宴请等；并能根据客户的不同要求设计不同主题的宴会聚餐、自助烧烤、篝火晚会等，提供的鱼制品更是花样众多——虹鳟、三文鳟、金鳟、仙女鳟、河鳟、褐鳟、白点鲑、日光鲑、七彩鲑、鲟鱼等，加工方法以生吃、烧烤、红烧为主，又衍生出 30 多种烹饪方法，给游客提供了丰盛的美味。另有 20 人、40 人、100 人会议室和多功能厅各一个，以及运动娱乐设施供游客休闲。

3

卧佛山庄

养殖有限公司

出行信息

地址：怀柔区渤海镇田仙峪村北 50 米

驾车路线：北京到怀柔后行至慕田峪方向，到慕田峪环岛直行 100 米右转，可看到卧佛山庄的牌子。

垂钓品种及价格：虹鳟鱼 20 元 / 斤、鲤鱼 10 元 / 斤

特色美食：侉炖鱼、生吃、烧烤、红烧虹鳟

人均消费：60 元

开放时间：全年开放（节假日期间人多请提前预订）

温馨提醒：夏天的夜晚，漫步周边，繁星闪烁，鸟啼虫鸣，可以忘忧山水之间。因为山区早晚较冷，需要多带一点衣服。

安全保障：渤海镇派出所电话：010-61631884

联系电话：010-61626090

卧佛山庄养殖有限公司始建于 1986 年，位于国际文化村——田仙峪村，公司所处位置山清水秀，交通便利，冷水资源丰富，山泉水一年四季潺潺不断，水温常年在 7℃ ~ 18℃，非常适应冷水鱼类养殖。山庄背倚着万里长城最险峻的关口——箭扣长城，是人们登山探险的理想去所，城里人节假日郊游度假的好去处。

卧佛山庄占地 50 亩，年接待游人 5 万人次，是一家集垂钓、餐饮、住宿和娱乐为一体的综合性科技创新型企业。山庄拥有孵化厂房 500 平方米，苗种培育池 1000 平方米，成鱼养殖池 5000 平方米，并配有专用垂钓池和冷水鱼专业实验室。现有虹鳟、金鳟、三文鳟、红点鲑、白点鲑、大西洋鲑、西伯利亚鲟、史氏鲟、俄罗斯鲟、新疆狗鱼、新疆河鲈、细鳞鱼、甲鱼等十几种冷水鱼。

山庄在餐饮上也别具特色，有生鱼片、烧烤虹鳟和金鳟、清蒸鲟鱼、焖鱼头等各式美食，还有别具特色的山野菜等，同时还配备垂钓餐厅、水上餐厅，大小雅间，可同时容纳 300 人就餐。山庄建制了住宿大楼一栋，别墅三座，供游客住宿休息。可同时容纳 100 人住宿，同时还配备了卡拉 OK 娱乐室、棋牌室、钓鱼台等多种娱乐性活动，供人们在繁忙的都市生活之余充分享受乡村闲适生活的乐趣。

4

长园渔场001号

出行信息

地址：怀柔区雁栖镇环岛西北 6 公里的红螺山姊妹峰山后

驾车路线：自京承高速 14 号出口，向怀柔城区方向，到开放路环岛 3 号出口丰宁方向，走 111 国道，至大屯桥，在第 4 个红绿灯左转，雁栖不夜谷直行 1 5 公里，即到长园渔场 001 号。

垂钓品种及价格：虹鳟鱼 30 元 / 斤

特色美食：虹鳟鱼生吃、烧烤味美肉鲜、营养丰富。还有纯正的怀柔油栗焖肉，长园辣子鱼、鸡、兔，蘑菇炖柴鸡、焖炉烤羊腿，木炭火烤鱼，纯天然野菜馅饽饽等。

人均消费：40 ~ 80 元

开放时间：全年开放（节假日期间人多请提前预订）

温馨提醒：山区早晚温差大，请多带衣服，以防着凉。夏季需带驱蚊用品等以备用。因过来游玩人较多，请注意行车安全。

安全保障：雁栖镇派出所电话：010-61641115

联系电话：010-61627120

长园渔场 001 号总面积 6600 平方米，为怀柔区虹鳟鱼垂钓烧烤点第一号。可同时接纳 400 人就餐，100 人住宿，是一家可以垂钓、烧烤、餐饮、住宿、休闲、开会和娱乐的多功能服务场所。老板杨淑青为人诚恳，待人热情，因带领乡亲们共同致富，被评为北京市“优秀劳模”。在这里，可以看到虹鳟鱼的成长过程，有机会亲身体会喂食的乐趣，喝着山泉水，垂钓虹鳟鱼，远离城市的喧嚣……

5

劳模山庄

出行信息

地址：怀柔区雁栖镇莲花池村

驾车路线：自京承高速 14 号出口，向怀柔城区方向到开放路环岛京加路丰宁方向，走 111 国道，至大屯村桥，在第四个红绿灯左转 10 公里即到劳模山庄。

垂钓品种及价格：虹鳟鱼 23 ~ 28 元 / 斤，野鱼 10 ~ 18 元 / 斤

特色美食：菠萝虹鳟、鲜熘鱼片

人均消费：40 ~ 80 元

开放时间：全年开放（节假日期间人多请提前预订）

温馨提醒：山区早晚温差大，请多带衣服，以防着凉。夏季过来须自带驱蚊用品等以备用。因过来游玩人较多，请注意行车安全。

安全保障：雁栖镇派出所电话：010-61641115

联系电话：010-61629376，13701136112

山庄北有箭扣长城著名的鹰飞倒爷景点、龟峰古等景点，东有雁栖湖，南有万里长城。这里景色宜人，环境幽雅，垂钓、棋牌、KTV、真人 CS、羽毛球、乒乓球、游泳池、拓展训练营、篝火晚会、自助烧烤一应俱全。客房分标准间、商务间、套间。特色菜烤虹鳟 23 ~ 28 元 / 斤，是这里一道最著名的招牌菜。这种鱼以肉质细嫩、味道鲜美著称，客人来到这里可体验虹鳟鱼的多种神秘吃法。自然山泉野鱼 10 ~ 18 元 / 斤。老板常俊英是全国劳动模范。

6

花苑湖

度假村

出行信息

地址：怀柔区雁栖镇不夜谷中

驾车路线：自京承高速 14 号出口，向怀柔城区方向，到开放路环岛 3 号出口丰宁方向，走 111 国道，到大屯桥，在第 4 个红绿灯左转，到那雁栖不夜谷，即到花苑湖度假村。

垂钓品种及价格：虹鳟鱼 25 元 / 斤

重点推荐：虹鳟鱼烧烤味美肉鲜，营养丰富，另有怀柔特色菜、野菜馅饽饽、烤全羊、竹香鱼、农家秘制鸡等。

人均消费：40 ~ 50 元

开放时间：全年开放（节假日期间人多请提前预订）

温馨提醒：山区早晚温差大，请多带衣服，以防着凉。夏季过来须带点驱蚊用品等以备用。因过来游玩人较多，请注意行车安全，周边还有神堂峪自然风景区、雁栖湖、箭扣长城等。

安全保障：雁栖镇派出所电话：010-61641115

联系电话：010-60661081

度假村风景秀美，独具特色，被怀柔区旅游局评定为“民俗旅游示范点”。花苑湖建筑占地约 4 万平方米，并自身拥有约 13 万平方米独立山体。度假村错落有致地分布着各种中式客房 36 间，可同时接纳 100 余人的住宿和 400 余人的用餐。

花苑湖还在河北兴隆建有虹鳟鱼、鲟鱼、三文鱼等冷水鱼养殖基地，为游客提供了优质的纯天然食物来源。情景房、凉亭、联廊、水榭等一应俱全。天然佳成的山泉环绕其间，共享美景，其乐融融。

7

慧生

冷水鱼养殖场

出行信息

地址：怀柔区九渡河镇黄坎村南

驾车路线：京承高速13出口—宽沟方向—桥梓镇—怀长路—九渡河镇黄坎村南即到。

垂钓品种及价格：虹鳟鱼25元/斤，鲟鱼50元/斤，草、鲤鱼18元/斤

特色美食：虹鳟鱼、鲟鱼

人均消费：50～100元

开放时间：全年开放（节假日期间人多请提前预订）

温馨提醒：山区早晚较凉，请多带衣服，小心着凉。

安全保障：九渡河镇派出所电话：010-61691573

联系电话：010-61692698

北京慧生冷水鱼养殖场地处怀九河北岸，两面环水，四面环山，享有龙脉之称。这里与多处景区相邻，西有明代的十三陵、银山塔林，北有古长城、磷龙山、小西湖，东北有红螺寺、雁栖湖。幽雅的环境、天然的景观和其独特的地理位置，使这里成了既可娱乐、休闲、餐饮、住宿、养殖，又可垂钓、采摘、观光的绝佳场所，是充分体现乡情野趣风格的综合性服务企业。这里的采摘园占地面积3万多平方米，园内的主要品种有大红杏、香白杏、白红梅、李子、樱桃、柿子、鸭梨、香梨、大桃等。园内实行现代化的管理，果树全部使用农家肥，绝不使用化肥和有害农药，生产出绿色无公害食品，连续几年被评为北京市农业示范观光园。

8

天源渔港

度假村有限公司

出行信息

地址：怀柔区九渡河镇黄花城古长城脚下

驾车路线：北京有四条路线可到天源渔港。

路线1：走京昌高速公路至京昌平西关（32出口）环岛，向十三陵方向，在长陵路口右拐，向怀柔九渡河方向，到九渡河加油站左拐，沿安四路向四海方向前行，见黄花城水库再前行1公里，看到天源渔港广告牌右拐下坡，看到桥再右转即到。

路线2：自天通苑至立水桥，到北七家，昌平兴寿，在银山塔林右拐，到花果山、北庄，在九渡河加油站左拐直行同上。

路线3：京承高速公路13出口北台路（桥梓、宽沟）出口前行第二个红绿灯左转，直行丁字路口左转沿怀长路（怀柔、长陵）直行，在九渡河直行，在黄花城水库前行1公里，到天源渔港。

路线4：西北六环至张家口出口，到十三陵出口直行，在长陵右转后同路线1。

特色美食：鲟鱼十吃：清蒸、红烧、熘鱼片、炒鱼丝、炸鱼排、糖醋鱼片、鱼骨汤、烤鲟鱼、鲟鱼火锅。烤虹鳟鱼：由秘制酱汁腌渍后，炭火烤制，外焦里嫩，撒上辣椒面、孜然等调味料，香气扑鼻。金鳟鱼生鱼片，肉质细嫩。天源渔港厨师片出的生鱼片，薄如纸，可看到报纸上的字，蘸上日本产的绿芥末、白醋、生抽调成的汁，比在星级饭店吃的刺身味道更鲜美。

重点推荐：晚上可举办篝火晚会和烧烤

人均消费：50～100元

开放时间：全年开放（节假日期间人多请提前预订）

温馨提醒：周末、节假日游人比较多，冬季较冷，请自备厚衣服。

安全保障：九渡河镇派出所电话：010-61691573

联系电话：010-61651767，13911585450

天源渔港度假村距北京市区65公里，西北与延庆县毗邻。夏季平均气温21℃～29℃，是避暑旅游、休闲度假、会务的理想场所。度假村四面环山，一条小溪从度假村穿过，汇集成碧波荡漾的黄花城水库、蜿蜒起伏的古长城盘旋在远处的群山之上；村周围生长着栗树、核桃树等各种果树。

度假村厨房建筑面积200余平方米，通透的开放式厨房，客人可直观看到每道菜的加工过程。天源渔港的鱼均为现场从鱼池中捞出的活鱼，客人可亲自点鱼由工人捞出，现场称重，直接拿到厨房当面宰杀。5～11月，开放式大棚可同时接待200余人就餐。晚上还可举办篝火晚会和烧烤。天源渔港共有客房16间，其中有标准间、三人间、套间、火炕、五人间，火炕每间可住宿五六人，可同时容纳40人住宿。房间宽敞明亮，整洁卫生。房内有24小时热水，宽带正在架设中。

9

溢彩虹

垂钓园

出行信息

地址：怀柔区雁栖湖镇莲花池村

驾车路线：自京承高速14号出口，向怀柔城区方向到开放路环岛京加路丰宁方向，走111国道，至大屯村桥，在第四个红绿灯左转13公里即到。

垂钓品种及价格：虹鳟鱼23～28元/斤，野鱼10～18元/斤

特色美食：烧烤虹鳟、农家饭

人均消费：40～80元

开放时间：全年开放（节假日期间人多请提前预订）

温馨提醒：山区早晚温差大，请多带衣服，以防着凉。夏季过来，须自带驱蚊用品等以备用。因过来游玩人较多，请注意行车安全。

安全保障：雁栖镇派出所电话：010-61641115

联系电话：010-61629351，13501257679

溢彩虹垂钓园适合全家人或三五友人结伴游玩。自家的农家小院，简洁，干净，置身山水人家，呼吸新鲜的空气，远离城市的喧哗，周末与家人、友人一起钓钓鱼，爬爬山，放松放松心情，是件非常惬意的事情。

10

桃源山庄

出行信息

地址：怀柔区渤海镇马莲桥村

驾车路线：京承高速13出口宽沟出口，慕田峪方向慕田峪长城环岛直行到洞台村大桥右转往响水湖景区方向1.5公里处即到。

垂钓品种及价格：虹鳟鱼23～28元/斤，野鱼10～18元/斤

特色美食：烧烤虹鳟鱼、农家饭

人均消费：40～80元

开放时间：全年开放（节假日期间人多请提前预订）

温馨提醒：山区早晚温差大，请多带衣服，以防着凉。夏季过来，须自带驱蚊用品等以备用。因过来游玩人较多，请注意行车安全。

安全保障：渤海镇派出所电话：010-61631884

联系电话：010-89602870，13716052931

桃源山庄安静舒适，四周树木繁盛，空气新鲜，自家的农家小院简洁干净，是休闲垂钓，放松心情的好去处。

11 水岸渔歌

垂钓园

出行信息

地址：怀柔区九渡河镇九渡河村南

驾车路线：从三环到立水桥到怀长路到九渡河大桥左转直行100米右转即可到达。

垂钓品种及价格：虹鳟鱼23～28元/斤，野鱼10～18元/斤

特色美食：虹鳟鱼

重点推荐：烧烤虹鳟鱼、农家饭

人均消费：40～80元

住宿情况：客房有标准间

温馨提醒：山区早晚温差大，请多带衣服，以防着凉。如您夏季过来，自带驱蚊用品等以备用。因过来游玩人较多，请注意行车安全。

安全保障：九渡河镇派出所电话：010-61691573

开放时间：全年开放（节假日期间人多请提前预订）

联系电话：010-89606852

水岸渔歌垂钓园自家的农家小院，简洁干净。周末与家人、友人一起钓钓鱼，爬爬山，呼吸新鲜空气，是种不错的放松方式。

12 张克元渔场

出行信息

地址：怀柔区杨宗镇梭草村南

行车路线：京承高速15出口行驶200米右转到杨宋镇梭草村鱼世界南或东直门坐916路公交车至怀柔城区，再坐梭草村的公交车。

垂钓品种及价格：虹鳟鱼23～28元/斤，野鱼及四大家鱼10～18元/斤

重点推荐：烧烤虹鳟鱼、农家饭

人均消费：40～80元

住宿情况：客房有标准间

联系电话：13910530533

张克元渔场于2011年实施渔业高产高效生产基地标准化建设，占地面积100亩，有效养殖水面70亩。水源采用地下深井水，水质符合冷水鱼用水水质。

渔场充分利用现有土地资源，在沙坑地上建设集“水产养殖休闲垂钓”为一体的标准化基地，不仅可以改善当地生态环境，提高资源利用效率，还为当地探索出一条新兴产业，拉动地方经济快速发展。

13

绿林山庄

出行信息

地址：怀柔郭家坞村铁路桥附近

驾车路线：京承高速 14 号出口—怀柔城区青春路北环岛往慕田峪长城方向—过铁路桥 500 米处右转即到。

垂钓品种及价格：虹鳟鱼 25 元 / 斤（不能垂钓，只能餐饮）

特色美食：烧烤虹鳟鱼、烤全羊等

重点推荐：野味药膳百鸟套餐、石磨水豆腐

人均消费：50 ~ 100 元

开放时间：3 ~ 11 月（节假日期间人多请提前预订）

温馨提醒：早晚温差大，请自带衣服以防着凉。沿途还有鱼师傅、山水人家等农家院供选择。附近有慕田峪古长城、圣泉寺，往北有红螺寺、雁栖湖、青龙峡等多处景点。交通十分便利，开车仅需 10 分钟即可到达想去的景点游玩。

安全保障：怀柔镇派出所电话：010-69631110

联系电话：010-89619966(餐厅)、89619588(客房)

绿林山庄位于群山环抱中，绿树成荫，环境幽雅，景色秀丽，交通便捷，这里可以召开会议、商务活动、旅游休闲度假。山庄内设有各种娱乐设施，拥有标准套房、豪华间、单人间共 48 间，内设电话、空调、电视、卫生间，24 小时热水。这里有大餐厅，配有雅间，可容纳 200 人同时就餐。在这里可以品尝到烧烤虹鳟鱼、生鱼片、鲟鱼、农家菜，还有野味药膳百鸟套餐、鸡焖鱼、石磨水豆腐、山庄八大炖、烤全羊等。

北京 BEIJING

06

昌平区

1

常兴庄渔场

出行信息

地址：昌平区小汤山镇常兴庄村南

驾车路线：立汤路过北六环，马坊北桥向北红绿灯右转1500米即到。

公交路线：51路昌平大柳树环岛下车，52路、59路、643路、984路、985路、537路在马坊站下车，马坊北桥向北红绿灯右转1500米即到。

垂钓品种及价格：罗非鱼18元/斤，草鱼、鲤鱼、鲫鱼14元/斤

特色美食：清蒸罗非鱼、烤鱼

重点推荐：在推出一系列特色菜的同时，还推出了自做熟食、火锅、烤串等餐饮方式。

人均消费：50～60元

住宿情况：32个标间

联系电话：010-61781169

渔场位于昌平区小汤山现代农业园区内，地理位置优越。立汤路纵贯南北，顺沙路横穿东西，渔场紧邻六环路，南距亚运村10公里，东距首都国际机场10公里，西距京张高速路8公里，公路运输和空运十分便利，四通八达。

渔场占地面积10万平方米，其中池塘面积5.33万平方米，多功能现代活鱼存储库7000平方米，四季垂钓宫3300平方米，池塘全部为水泥衬砌，年存储鲜鱼15万公斤，年生产、销售垂钓20万公斤。并配有餐饮、娱乐、住宿多功能服务厅一座。场区环境优美，空气清新，地热资源丰富，生产配套设施齐全，目前已发展成为以养殖、储存、垂钓、加工销售、娱乐、休闲度假为一体的综合生产经营基地。

该渔场已通过北京市食用农产品安全认证，获得北京市农业产业化经营重点龙头企业等称号，是人们休闲度假的绝佳去处。

2

浩波渔村

农家乐旅游观光园

出行信息

地址：昌平区小汤山大柳树环岛北行3公里见浩波渔村指路牌
驾车路线：小汤山大柳树环岛北第四个红绿灯左转，见浩波渔村指路牌即是。
公交路线：昌51区间—昌29到东庄路口，步行749米；884—643区间/643—昌29到东庄路口，步行749米。
垂钓品种及价格：草鱼10元/斤、鲤鱼10元/斤、青鱼16元/斤、鲟鱼38/斤、野生鲇鱼18元/斤
特色美食：清蒸鱼、红烧鱼
人均消费：30～50元
住宿情况：渔村以标准间为主（独卫、独浴、电视、空调，24小时热水）
温馨提醒：提供特色采摘
联系电话：010-61722088，13391632598

北京浩波渔村农家乐旅游观光园位于昌平区，素有“北京后花园”之美誉，它风景秀丽，空气清新，是散心休闲的上佳去处。

观光园成立于2003年春，可以垂钓、餐饮、住宿、采摘及商务接待，是一家综合型度假村。渔村紧临京密引水渠，两岸遍植杨柳，春可踏青，夏可消暑，环境极其清雅。渔村占地面积4万多平方米，建有6个专业精养垂钓池和可同时容纳近300人就餐的餐厅，还有蔬菜、瓜果、玉米等种植园以及散养鸡舍等。

观光园北京全市鱼种最丰富的垂钓园之一，有鲤鱼、武昌鱼、花鲢、鲷鱼、青鱼、鲫鱼、草鱼、罗非鱼、彩虹鲷、野生鲇鱼、噘嘴鲢、虹鳟、鲟鱼、锦鲤、甲鱼等垂钓和用餐品种。

久居闹市，见多了林立高楼，看惯了车水马龙，想和朋友、家人一起出来走走，这里会是一个不错的选择。冬季还可以冰上钓鱼，可以来感受冰上垂钓的乐趣。

3

老磨盘

度假村

出行信息

地址：昌平区崔村镇南庄村

驾车路线：立汤路一直向北开，见崔村指示牌左转上昌金路，过第一个红绿灯，路北见一座黄色的房屋即是。

公交路线：在德胜门坐 888 路或 881 路在东关下车换乘昌 59 路到南庄站下车，步行 230 米即到。

垂钓品种及价格：鲫鱼 12 ~ 15 元 / 斤、罗非鱼 12 ~ 15 元 / 斤、草鱼 12 ~ 15 元 / 斤、鲤鱼 12~15 元 / 斤

联系电话：13691055808

老磨盘度假村（原崔村平安渔场）坐落于昌平区汤泉古镇小汤山北、世界草莓大会、草莓产区崔村镇南庄村，占地面积约 1 1 万平方米，是集餐饮、垂钓、养殖、住宿、种植、采摘、休闲、淘老物件等项目于一体的度假型乡村酒店。原生态民俗餐厅有 2000 平方米，可容纳 500 余人同时用餐，大小包间 15 个，菜品以特色鱼类、民俗风味大碗菜、农家柴锅炖菜为主，其中大部分食材是自种的无公害、无化肥的绿色蔬菜和自养柴鸡、鸽子、猪、羊、林蛙、鱼类等；提供特色民俗民风婚庆服务，婚宴以四平八稳：八冷碟、四大件、八大碗、喜馍喜饼等为特色。鱼塘占地 2 万多平方米，有高钓鱼池、特种鱼池（鸭嘴鱼、鲟鱼、狗鱼、黄河大鲤鱼）等。鱼种类主要以淡水鱼、特等鱼为主；生态农业种植以水果、蔬菜为主，一年四季可供采摘。

4

红栌温泉山庄

出行信息

地址：昌平区小汤山讲礼村西 16 号

驾车路线：自北京三元桥，上京承高速，走六环路（昌平方向），在北苑小汤山出口左转见路标即到。

公交路线：德胜门乘 888 路或 881 路在昌平南大街下车，换乘昌 52 路到讲礼站下车步行 910 米即到。

垂钓品种及价格：鲤鱼 9 元 / 斤、鲫鱼 12 元 / 斤、罗非鱼 19 元 / 斤、青鱼 20 元 / 斤、金丝鲇 35 元 / 斤

特色美食：野味烧烤

人均消费：80 元

住宿情况：一座三星级综合楼，一座准四星级客房楼，以及温泉 VIP 贵宾房

温馨提醒：拥有北京市最大的室内垂钓宫，室内 9 个鱼池，室外 7 个鱼池，垂钓池内有鲤鱼、草鱼、鲫鱼、罗非鱼等共计 15 个品种。

联系电话：010-86220708、010-88452686

红栌温泉山庄位于久负盛名的风景名胜地——温泉之乡昌平小汤山镇，占地近 80 万平方米，其中绿化覆盖率达到 95%，是集客房、会议、美食、温泉、垂钓、采摘、培训旅游观光等多种功能于一身的理想度假场所。山庄内设北京市最大的室内垂钓官，共有 9 个垂钓池，可以垂钓鲤鱼、草鱼、罗非鱼、鲫鱼等 15 个品种。此外山庄还建有拓展、CS 训练场地，在消闲垂钓之余，也可以到训练场地一展风采。

5

御汤山

农业科技公司

出行信息

地址：昌平区小汤山镇后牛坊村北

驾车路线：路线 1：从北五环至北苑桥出口沿立汤路往北至昌金路左拐第一个红绿灯再左拐沿秦上路前行 200 米，到达终点（道路左侧）。路线 2：沿京承高速至昌金路出口出，往西直走至秦上路左拐 200 米，到达终点（道路左侧）。路线 3：昌平区沿昌崔路到秦上路右拐，过昌金路前行 200 米，到达终点（道路左侧）。路线 4：自驾车可用 GPS，直接搜索御汤山。

公交路线：德胜门坐 888 路或 881 路到昌平南大街下车换乘昌 51 路在大柳树环岛西站下车，步行 1 公里即到。

垂钓品种及价格：鲤鱼 9 元 / 斤、鲫鱼 12 元 / 斤、草鱼 12 元 / 斤、罗非鱼 19 元 / 斤、青鱼 20 元 / 斤、白须公 30 元 / 斤、蓝（白）鲨 40 元 / 斤

特色美食：野味烧烤，园区建有专业的烧烤台和烧烤林

温馨提醒：如需园区羊肉、猪肉等提前预订。

人均消费：150 元起

住宿情况：一座三星级综合楼，一座准四星级客房楼，以及温泉 VIP 贵宾房。

联系电话：010-60701987

网址：www.ytssty.com

御汤山成立于 2011 年，位于北京昌平区“温泉古镇”小汤山镇，九华山庄西侧，上风上水，是以绿色食品采摘、垂钓、餐饮、住宿、农事体验、养殖、绿化苗木、果树认养、观光旅游及特种肉类、蛋类产品销售为一体的新型农业生态园。

御汤山占地 720 亩，园地建有 5 个大小不一的鱼塘，垂钓面积 40 余亩，可供垂钓的品种有鲫鱼、草鱼、青鱼、罗非鱼、鲇鱼、黑鱼等 10 余种。同时园内还有各种禽类（油鸡、柴鸡、鸽子等）、羊、猪、兔子等特种养殖可供游客观赏及食用；园区风景如画、功能齐全，不仅有假山、瀑布、鸽子广场，结满葡萄、奇瓜异果的 350 米长廊，还有几百亩果园（樱桃、葡萄、桃、杏、李子、梨等）、品种丰富的绿色蔬菜，供观赏和采摘；更有儿童游乐场、拓展区等，能满足游客的各种需求，游客在采摘、垂钓、游玩之余还可以品尝到新鲜、美味的东北特色口味的农家饭、特色烧烤（园区猪、羊可杀）、灶台鱼（现钓现杀）。御汤山生态园于 2013 年被北京市农委授予“北京市农业标准化生产基地”、园区水果和蔬菜已通过“无公害农产品认证”。2014 年园区蔬菜通过“绿色食品认证”。

北京 BEIJING

07

平谷区

1

金润丰源

养殖有限公司

出行信息

地址：平谷马坊开发区西南部

驾车路线：路线 1：首都机场高速—京平高速—马坊出口（向南行驶）至环岛继续向南 1000 米路西（见垂钓园指路牌）。路线 2：自三元桥，在枯柳树环岛向右（向东），走京顺路，过顺平路，在官庄路口右转（向南），到马坊环岛向南（直行）1000 米路西（见垂钓园指路牌）。

公交路线：路线 1：东直门乘坐 918 路（普通）—平谷城区畅观楼转乘 13 路、14 路、15 路于马坊站下车即到。

路线 2：东直门乘坐 852 路（高速）—平谷马坊站换乘 13 路，马坊站下车即到。

垂钓品种及价格：草鱼 15 ~ 20 元 / 斤、青鱼 15 ~ 20 元 / 斤、鲤鱼 15 ~ 20 元 / 斤、鲫鱼 15 ~ 20 元 / 斤

住宿情况：6 个标准间

开放时间：4 ~ 10 月

安全保障：马坊派出所：010-60996869。垂钓园东 300 米路北两侧有修车处。

联系电话：13910820161

马坊镇鑫江海垂钓园垂钓面积 5000 多平方米，远离城区，环境清幽，水质清新，鱼类品种丰富，有草鱼、青鱼、鲤鱼、鲫鱼等十几种，每年 4 ~ 11 月最适于垂钓。这里经常举办各种垂钓比赛，是钓鱼爱好者练杆的好场所。在垂钓园路东还有平谷江海河有机草莓采摘园，可供游客观光采摘。

2

红石坎泉水

野生鱼垂钓园

出行信息

地址：平谷区金海湖镇红石坎村

驾车路线：路线 1：北京城区走机场高速，到京平高速，在东高村出口下桥左转（北），到平谷城区，在消防队路口右转（东），一直行至平蓟路，过金海湖，顺路直行至看到“泉水野生鱼垂钓”广告牌按箭头指示行驶即到。

路线 2：东直门、三元桥，上京密路，到枯柳树环岛右转（东），走顺平快速路，到平谷城区，过平蓟路、金海湖、顺路直行至看到“泉水野生鱼垂钓”广告牌按箭头指示行驶即到。

公交路线：东直门乘坐 852 路（高速）、918 路（普通）于平谷城区畅观楼换乘 28 路公交车在红石坎站下车即到。

垂钓品种及价格：鲤鱼 15 ~ 18 元 / 斤、草鱼 15 ~ 18 元 / 斤（大的有到十余斤）、青鱼 25 ~ 28 元 / 斤、黄金鲫 18 ~ 20 元 / 斤

特色美食：如有需要可提供 简单的农家饭

人均消费：15 ~ 30 元

开放时间：5 ~ 10 月

温馨提醒：免费提供钓具，如钓杆、鱼料、座椅等。

安全保障：距离 10 公里有修车。金海湖派出所，距离 5 公里：010-69991257

联系电话：010-60982676，13911390820、15910812579

金海湖镇红石坎村位于平谷区金海湖东北部。距平谷城区 20 公里，平（谷）蓟（县）公路从村中通过，交通方便。村中间有一条 3 米高、30 余米长的红石坎，因此得名。

红石坎村被山间小路所环绕。在半山腰处有一湾泉水形成的野生鱼池，三面环山，满山绿树，鸟语花香，山下炊烟袅袅。在紧张的工作之余，远离喧哗的都市。开着自家的小车来到这里，拿起钓杆边钓鱼边感受这山间的幽静，定会让您心旷神怡，流连忘返。

3

读月山庄

出行信息

地址：平谷区金海湖镇海子村

驾车路线：路线 1：从北京城区出发至京顺路，顺义枯柳树环岛右转，至顺平快速路到平谷城区，直行至平蓟路，海子村路口右转顺路直行 2 公里左右，即可看到读月山庄。

路线 2：自北京城区，走机场高速，过京平高速，在东高村出口下桥左转（北），过平谷城区，在消防队路口右转（东），直行至平蓟路，在海子村路口右转顺路直行即到。

公交路线：东直门乘坐 852 路、918 路，于平谷城区畅观楼转乘 28 路、45 路、29 路公交车在读月山庄下车．

特色美食：鲟鱼五吃、侉炖鱼、烤虹鳟鱼、三文鱼、酸菜鱼（风味独特）、水煮鱼

餐饮人均消费：80 ~ 100 元

开放时间：5 ~ 10 月

温馨提醒：山区早晚较冷，多带衣服。

安全保障：村口 1 公里处有修车。金海湖派出所 :010-69991257

联系电话：010-69996922；13601260326

持书优惠：持本书可适量优惠。

读月山庄坐落于平谷区金海湖畔，占地近 1.5 万平方米，建筑面积 8000 平方米，山庄背靠郁郁葱葱的山林，院内蜿蜒的小桥流水，空气清新，极富营养价值的山间矿泉水直接入房，客房配套设施完善，可容纳 120 人住宿。另外还有大小不同的会议室。山庄有别具特色的傣家竹楼式餐厅和传统中式餐厅、宴会厅和大小包间，可同时容纳 400 人就餐。餐饮以绿色农家菜和露天烧烤为主，晚间的篝火晚会更是别具一格，规模宏大，是集住宿、会议、餐饮、娱乐、休闲、旅游于一体的多功能宾馆。

山庄周边的旅游资源十分丰富，有京东八景之一——金海湖，有以惊险称绝的京东大峡谷，有天下第一古洞——京东大溶洞，有号称北方张家界的飞龙谷，有著名的黄崖关长城以及风景秀丽的湖洞水自然景区。

4

黄草洼

民俗旅游村

出行信息

地址：平谷区金海湖镇黄草洼村

驾车路线：路线 1：自北京城区，走机场高速，在京平高速东高村出口下桥左转（北），过平谷城区，在消防队路口右转（东），直行至平蓟路，直行到“金海湖水上运动场”即到。

路线 2：东直门、三元桥，上京密路至枯柳树环岛右转（东），到顺平快速路，至平谷城区，过平蓟路直行到“金海湖水上运动场”即到。

公交路线：东直门乘坐 852 路（高速）、918 路公交车（普通）于平谷城区畅观楼换乘 28 路至黄草洼。

垂钓品种及价格：鲤鱼、草鱼、鲫鱼、鲇鱼、鲂鱼 60 ~ 120 元 / 杆

特色美食：特色冷泉水鱼（虹鳟鱼、三文鱼）、野菜馅团子、小鸡炖红蘑 、泉水池边自助烧烤

重点推荐：水库鱼、泉水鱼、采摘（院内有桃、杏、樱桃、各种蔬菜）

餐饮人均消费：70 元

开放时间：4 ~ 10 月

温馨提醒：山间气温早晚较低，注意添减衣服。可提供简单钓具如渔杆、小桶。

安全保障：金海湖派出所：010-69991257

联系电话：13811103091

黄草洼村位于平谷区金海湖镇、毗邻美丽的金海湖畔，蓝天、白云、青山、秀水，风景秀丽，是北京市市级民俗旅游村。村内南北两山脚下有多股泉水涌出，溪水潺潺。早晨可观云蒸霞蔚，晚上可伴渔歌唱晚。农家饭以侉炖花鲢、烤水库鲜鱼为招牌，另有数十种山珍野菜、野菜馅团子、小鸡炖红蘑等，农家特色十足，您百吃不厌。温馨客房，给您家一般的温暖。传统土炕，田园风情、竹林深处等各种特色房间 100 ~ 200 元 / 间，独立卫生间、空调、洗浴，设备齐全，干净整洁舒心。来这里除了能让您体验农家乐趣外，还可以到金海湖边轻松垂钓，或到农家小菜园采摘新鲜蔬菜，或是在金秋时节采摘大杏、盖柿、核桃等山珍果品，投入大自然的怀抱，体验淳朴的民俗风情。

另外，这里还有垂钓的好地方——咱家小院。5000 多平方米的池塘内有自然生长的荷花、芦苇、蒲棒等各种水草。这里分为嬉水区和垂钓区。戏水区可供游客戏水纳凉、摸小鱼、捉小虾。垂钓区则是水质清澈，手持钓杆，看着鱼儿悠闲游来游去，别有一番情趣。在咱家小院里还饲养有各种家禽小动物，供游客观赏和食用。院内的石子小路、小桥、秋千等都能给人回归田园家乡的感觉。

5

金海湖海子

民俗旅游村

出行信息

地址：平谷区金海湖镇海子村

驾车路线：路线 1：从北京城区出发至京顺路，到顺义枯柳树环岛右转，沿顺平快速路到平谷城区，直行至平蓟路海子村路口右转顺路直行 2 公里左右即到。

路线 2：自北京城区，走机场高速，过京平高速，在东高村出口下桥左转（北），到平谷城区，在消防队路口右转（东），直行至平蓟路，在海子村路口右转顺路直行即到。

公交路线：东直门乘坐 852 路、918 路于平谷城区畅观楼转乘 28 路、45 路、29 路至金海湖。

特色美食：柴锅炖水库鱼、清蒸鱼、生吃、鱼溜、炒鱼、烤鱼

重点推荐：烤鱼、采摘、篝火晚会、睡农家火炕

餐饮人均消费：50 ~ 80 元

开放时间：全年

住宿情况：30 ~ 40 人，标准间（有火炕有床）温馨舒适，100 ~ 150 元 / 间。

温馨提醒：柴锅炖鱼一般得炖 3 小时，因此去吃鱼前，一定要提前预约。

安全保障：金海湖派出所：010-69991257

联系电话：来宝特色农家院：010-69992968，13716116208；安乐窝：010-69992198，15910338437；幸福使者：010-69992560，13716111908

持书优惠：持本书可赠送特色小菜 / 适量优惠。

平谷区金海湖镇海子村位于平谷区东部，紧邻金海湖，在一片白杨树林的掩映之下，有一条延伸到金海湖大坝上的“小街”，临街两边各式各样的招牌、彩旗、灯笼昭示着这里的繁华，从街两旁农家小院里飘散出阵阵炖鱼的香味，让人垂涎欲滴。酒足饭饱之后，在小街上走一走，攀上金海湖的大坝，看渔火点点，听涛声阵阵……

海子村的鱼吃起来与一般的鱼很不一样——肉嫩、味浓、汤鲜。这里有闻名京城的侉炖鱼。侉炖鱼选用的是金海湖的鲜鱼，以胖头鱼为主，用农家的大柴锅炖，一般得炖 3 小时。掌握好火候，放齐调料，倒上一锅汤，炖到鱼汤只剩下一点，汤汁变得稠稠的时候才出锅。这时整条鱼都是酥的，鱼肉入味。烤水库鲜鱼是这里的又一特色。除此之外，还有贴饼子、小米粥、山珍野菜、烤红薯、煮玉米等农家饭数十种。除了能住农家屋、睡农家火炕，还可以到金海湖边轻松垂钓，亲自到农家小菜园采摘新鲜蔬菜，也可以参加农家的篝火晚会等娱乐活动；村北数万平方米的桃园，春可赏桃花，夏可采百果，尽享田园乐趣，体验农村的淳朴风情，呼吸山野的新鲜空气。

6

绿都獒园

出行信息

地址：平谷区马昌营镇前芮营村

行车路线：

路线 1：首都机场高速—京平高速—马坊出口（向北行驶）至薄各庄路口右转直行，见后芮营村牌楼右转直行 100 米左转直行即到。

路线 2：自北京城区，过顺平路，至官庄路口右转直行，薄各庄路口左转直行，见后芮营村牌楼右转直行 100 米左转直行即到。

公交路线：路线 1：东直门乘坐 852 路（高速）在马坊打铁庄换乘 15 路公交车，在薄各庄下车，沿路口下车往里走 2 公里左右。

路线 2：东直门乘坐 918 路（普通），在平谷官庄路口换乘 15 路在薄各庄下车，沿路口下车往里走 2 公里左右。

垂钓品种及价格：鲤鱼、草鱼、鲢鱼、鲫鱼，平均 8 元 / 斤

餐饮：特色农家饭，海狸鼠肉

住宿情况：标准间 60 ~ 80 元 / 间

开放时间：4 ~ 10 月

温馨提醒：请远离獒笼，不要轻易接近藏獒。如有需要可提供简单钓具。

安全保障：马坊派出所：010-60996869

联系电话：010-60901216、61981988，13366491039

持书优惠：持此书可给顾客适当优惠。

绿都獒园是以垂钓、休闲、餐饮及纯种藏獒养殖、销售为一体的综合性旅游观光园。园内满是海棠、蔷薇、爬山虎，景色秀美、空气清新、环境宜人。可供垂钓面积 1.5 万平方米，垂钓品种有草鱼、鲤鱼、鲫鱼等。其中草鱼都是 6 ~ 7 斤的大草鱼。另外獒园经过中国工作犬协会藏獒专业委员会专家认定，是首批通过认证的规范化獒舍。现獒园内拥有很多人见人爱、品质优良的藏獒，如马克、狮王、毛毛、獒魂、大虎等名獒的后代，而且曾多次获奖。如果你也是一位獒友的话，这里不仅是钓鱼休闲的好地方，也是参观、交流养驯藏獒经验的好场所。在这里还能吃到特色“海龙肉”。如果你想尝尝鲜，每年 4 ~ 10 月都可以来这里，到獒园旁边的果园采摘有机桃、樱桃等水果。

北京 BEIJING

08

顺义区

1

李遂进忠

垂钓园

出行信息

地址：顺义区李遂镇牌楼村东

驾车路线：京平高速木燕路收费站出口向北，到顺平南线向西 500 米路南即到。

公交路线：可以乘坐顺 17 路公交车在牌楼村站下车，沿顺平南路向东步行 200 米路南即到。

垂钓品种及价格：青鱼 18 元 / 斤、鲫鱼 13 元 / 斤、草鱼 14 元 / 斤、鲤鱼 13 元 / 斤、鲟鱼 30 元 / 斤

特色美食：侉炖鱼、炖柴鸡味道鲜美

餐饮人均消费：30 ~ 100 元

垂钓时间：4 ~ 10 月

联系电话：010-89482412，13021096183

李遂进忠垂钓园毗邻绿色度假村、汉石桥湿地自然保护区。养殖垂钓水面 53 亩平方米，垂钓品种多样，垂钓管理规范，垂钓园内有餐厅，可将垂钓上来的鱼现场烹饪制作美味佳肴。目前场区内池塘、道路全部进行了硬化、美化，场区干净、整洁，是举家出游、休闲的理想场所。

2

海涛绿色庄园

出行信息

地址：顺义区南彩镇南彩村南

驾车路线：机场高速到顺义东大桥环岛，沿顺平辅路，向东 7 公里过桥路南。

公交路线：可以乘坐顺 33 路、顺 39 路、顺 19 路、顺 40 路、顺 18 路、顺 41 路公交车在南彩站下车或 915 路公交车，沿顺平路向西步行 777 米路南即到。

垂钓品种及价格：青鱼 20 元 / 斤、鲫鱼 15 元 / 斤、草鱼 15 元 / 斤、鲤鱼 15 元 / 斤

特色美食：小鸡炖蘑菇

重点推荐：海涛绿色庄园毗邻汉石桥湿地公园，在享受垂钓乐趣的同时，还可以到湿地公园尽享鸟语花香的自然景观。

餐饮人均消费：50 ~ 100 元

垂钓时间：4 ~ 10 月

联系电话：010-89469992

海涛绿色庄园坐落于北京市顺义区南彩镇箭杆河东 50 米路南，北侧为北京顺义瑞麟湾温泉度假酒店，庄园占地 15 万平方米，在这里可以进行垂钓、餐饮及采摘。3000 平方米的餐厅，能同时容纳 200 人用餐，主要经营农家菜、野味、河鲜。其中特别推荐正宗黄泥烧乳鸽，环境优美，是聚会的理想之选。占地 15000 平方米的垂钓园内有青鱼、鲫鱼、草鱼、鲤鱼等，鱼大、肉肥，是修身养性的必选之地。13 万平方米的采摘园主要有黄花梨和丰水梨，梨甜而大，是感受乡村生活的好去处。

3

梓婷佳苑

垂钓园

出行信息

地址：顺义区南彩镇桥头村

驾车路线：机场高速到顺义东大桥环岛沿顺平辅路，至俸伯路口，向北至白马路东 1000 米。

公交路线：可以乘坐顺 32 路公交车在桥头村站下车，沿步行 1038 米即到。

垂钓品种及价格：青鱼 20 元 / 斤、鲤鱼 15 元 / 斤、镜鲤 15 元 / 斤、鲫鱼 15 元 / 斤、草鱼 15 元 / 斤、武昌鱼 15 元 / 斤

垂钓时间：4 ~ 10 月

联系电话：010-89421079，13716288868，

梓婷佳苑垂钓园位于北京顺义区三高示范区东侧，园内进行了绿化、美化等设施建设，环境幽雅，为北京市无公害养殖生产基地，现有垂钓鱼池 20000 平方米，餐饮设施 500 余平方米，在这里可以尽享餐饮、垂钓的休闲乐趣。

4

阿做生态园

出行信息

地址：顺义区南彩镇

驾车路线：机场高速到顺义东大桥环岛沿顺平辅路至俸伯路口，向北至玉梅大酒店，向西600米路北即是。

公交路线：可以乘坐顺16路、顺37路、顺31路公交车在顺义农机驾校站下车，向西步行945米即到。

垂钓品种及价格：罗非鱼12～15元/斤、鲫鱼15元/斤、鲤鱼10元/斤、草鱼10元/斤

特色美食：玉米面贴饼子、门钉肉龙、农家炖菜、野菜及其他等

餐饮人均消费：30～100元

垂钓时间：4～10月

联系电话：010-89470998

阿做生态园占地近7万平方米，有垂钓渔场两个，为北京市无公害养殖生产基地。垂钓品种有青鱼、鲤鱼、草鱼等品种，有2000平方米的餐饮服务设施，同时有果园近5万平方米，采摘水果品种有梨、苹果等，在这里能尽情享受垂钓、美食、采摘的乐趣。

5

老钱

垂钓园

出行信息

地址：顺义区北小营镇后鲁村北

驾车路线：路线1：机场高速到顺义东大桥环岛沿顺平辅路至俸伯路口，向北沿顺木路至北小营村南红绿灯，向东500米路南过桥即到。

路线2：京承高速白马路出口下高速，上白马路一直向东行驶见顺密路左转弯上顺密路向北行驶，见第一个红绿灯右转弯向东行驶，见红绿灯右转500米，过桥就是后鲁渔场（老钱垂钓园）。

公交路线：可以乘坐顺37路公交车在后鲁站下车，向东进村，再向北步行1160米即到。

垂钓品种及价格：青鱼18元/斤，鲫鱼、武昌鱼、镜鲤、草鱼12元/斤，鮰鱼25元/斤

垂钓时间：全年垂钓

联系电话：010-60484077、60484023，13911218210、1391071871

老钱垂钓园位于箭杆河边，有养殖垂钓面积30亩，垂钓面积20亩，纯地下“甜水”养殖鱼类，肉质细、味美、不带泥腥。大青鱼、大武昌鱼、大鲫鱼、日本花鲫、草鱼、鲤鱼等专供垂钓业务，是垂钓爱好者的好去处。

6

前渠河

养殖场

出行信息

地址：顺义区高丽营镇前渠河村

驾车路线：京承高速后沙峪出口沿顺沙路西行至前渠河村路口南行 300 米西侧

公交路线：可以乘坐顺 13 路公交车在前渠河下车。

垂钓品种及价格：青鱼 16 ~ 18 元 / 斤、草鱼 12 元 / 斤、鲤鱼 12 元 / 斤、罗非鱼 12 元 / 斤、鲫鱼 12 元 / 斤、鲂鱼 12 元 / 斤

特色美食：农家饭

餐饮人均消费：100 元以内

联系电话：010-69493581

前渠河养殖场位于顺义区高丽营镇前渠河村，为北京市无公害养殖生产基地，有水域5 万多平方米，环境幽雅，这里既可以垂钓，又可以餐饮，是休闲度假的首选。

7

金港碧波

垂钓园

出行信息

地址：顺义区高丽营镇六村

驾车路线：京承高速高丽营出口东行800米路南。

公交路线：可以乘坐顺13路公交车在高丽营东下车，向北见到花水湾磁化水度假村向东即到，步行2000米。

垂钓品种及价格：青鱼15元/斤、草鱼9元/斤、鲤鱼9元/斤、罗非鱼12元/斤、鲫鱼12元/斤、鲈鱼30元/斤、叉尾鮰鱼15元/斤、翘嘴红鲌（噘嘴鲢）20/斤

特色美食：农家菜

餐饮人均消费：20～50元

联系电话：13910022692

金港碧波垂钓园有水域4万多平方米，为北京市无公害养殖生产基地，养殖垂钓品种主要有青鱼、草鱼、鲤鱼、罗非鱼、鲫鱼等，场内进行了绿化、美化建设，环境幽雅。

8

风景好

垂钓园

出行信息

地址：顺义区后沙峪镇罗各庄村

驾车路线：京承高速后沙峪出口西行至罗马湖西北侧大青鱼垂钓园牌向北300米。

公交路线：可以乘坐顺26路公交车在西田各庄下车，步行2000米即到。

垂钓品种及价格：青鱼20元/斤、鲫鱼15元/斤

联系电话：18801299313

风景好垂钓园为北京市无公害养殖生产基地，有水域约3万平方米，养殖垂钓品种主要有青鱼、草鱼、鲤鱼、鲫鱼等，而且青鱼规格均在2.5公斤以上。场内进行了绿化、美化建设，环境幽雅，是休闲垂钓的好去处。

9

焦庄户

垂钓园

出行信息

地址：顺义区龙湾屯镇焦庄户村村西

驾车路线：沿京通高速后沙峪出口，顺义城区沿着白马路一直往东走，沿着顺焦路至龙湾屯路口向北 800 米，东行 300 米即到。

公交路线：可以乘坐 934 路公交车在龙湾屯下车，沿路向北，见路向东即到。

垂钓品种及价格：草鱼 12 元 / 斤、鲤鱼 12 元 / 斤、青鱼 18 元 / 斤

重点推荐：焦庄户垂钓园毗邻地道战遗址纪念馆，尽享垂钓乐趣的同时还可以到抗日战争纪念馆参观。

联系电话：13901319672

焦庄户垂钓园为北京市无公害养殖生产基地，有水域约 1.5 万平方米，养殖垂钓品种主要有青鱼、草鱼、鲤鱼等，环境幽雅，是受游客喜欢的休闲之地。

10

南庄头

垂钓乐园

出行信息

地址：顺义区李桥镇南庄头村

驾车路线：京平高速李桥收费站下高速，延任李璐向东到堡子村向南到南庄头村即到。

公交路线：乘坐顺 14 路公交车在南庄头村下车，步行 310 米即到。

垂钓品种及价格：草鱼、鲤鱼、鲫鱼、鲂鱼、鲇鱼 8 元 / 斤

特色美食：农家饭别具一格的“庄头烧鹅”，现吃现烤，飘香四溢，回味无穷

餐饮人均消费：50 ~ 100 元

垂钓时间：4 ~ 10 月

联系电话：010-69487885

南庄头垂钓乐园占地 12 亩，设备齐全，服务一流，设置床位 54 张，高标准 18 间，普通间 10 间，24 小时热水洗澡。有容纳 30 人的歌厅，以及沙狐球、台球、乒乓球、棋牌室、电动麻将洗牌机、网球、羽毛球、篮球等娱乐设施，有可容纳 50 人的会议室，20 人的小会议室和宽敞的桑拿大厅及足底按摩。古色古香的环境，活灵活现的空间、百鸟乐园的气氛无处不洋溢着温馨。另设有 80 种燃放鞭炮供您挑选，草莓采摘园及十种鱼类垂钓，让您尽情享受农家乐事。

11

静心园

休闲度假村

出行信息

地址：顺义区北石槽镇南石槽村静心园

驾车路线：从北四环上京承高速到12号出口（天北路出口）出，右转，看到第一个红绿灯左转走约1.5公里看到京密引水渠上的第一个桥左转上桥，过桥后右转直走大约500米看到第一个左转路口左转走到头即是静心园度假村。

公交路线：可以乘坐快942路或顺25路公交车在南石槽站下车，顺京密引水渠右转上桥，过桥后右转直走500米在第一个左转路口左转到头即是静心园。

特色美食：自制烤羊腿，烤全羊，烤鱼，烧饼，纯绿色无公害蔬菜

餐饮人均消费：80 ~ 120元

重点推荐：烤羊腿

温馨提醒：想吃烤羊腿提前1天打电话预订，烤全羊提前2天打电话预订，这些东西需要提前腌制，腌的时间长点才能更入味，吃起来也会更美味。

联系电话：010-60423670、60429131、60423041，13801020253

网址：http://www.jingxinyuandj.com

静心园度假村位于顺义区北石槽镇南石槽村静心园，集餐饮、垂钓、住宿、会议、KTV为一体。餐厅同时能接纳200人聚餐，有大厅、雅间。有大棚自种蔬菜，纯天然无公害，自制烤羊腿、烤全羊、烤鱼、自制烧饼、羊杂汤等纯绿色农家特色。鱼塘有鲤鱼、矿鲤、草鱼、青鱼供垂钓爱好者和吃鱼爱好者垂钓品尝。干净整洁的客房能同时容纳100人住宿，标准间240元/间，10间以上打9折。院内环境优美，空气清新。具有能容纳30 ~ 40人的歌舞酒吧、先进的五人制足球场、台球、斯诺克、乒乓球、沙狐球、羽毛球等娱乐项目。还可以为您提供大小会议室，使您工作休闲两不误。静心园优质的服务，优美的环境，优惠的价格欢迎您前来体验。

北京 BEIJING

09

丰台区

1

椰林垂钓宫

（原南宫温泉垂钓园）

出行信息

地址：丰台区王佐镇南宫南路1号南宫地热博览园

驾车路线：京港澳高速，王佐南宫19A出口向北2公里即到。

公交路线：458路、951路、459路、836路在地热博览园下车即到，乘321路、917路、971路、715路南宫市场下车，换458路或951路即达。

门票：30元

周围景点：南宫民族养生园、泉怡园农庄、南宫温泉度假酒店、南宫村别墅、南宫御温泉商务会馆、青龙湖、千灵山。

联系电话：13910741405

椰林垂钓宫坐落于AAAA级旅游景区北京南宫世界地热博览园内。博览园占地面积23万平方米，主要由恒欣源、椰林垂钓宫、养殖馆、鹦鹉园、地热科普展览中心、净菜加工、标本馆、植物园等部分组成，是集垂钓养殖、观鸟赏鸟、果蔬采摘、科普教育、农家餐饮、观光休闲于一体的大型、综合现代化农业示范园区。

垂钓园占地6300平方米，由10个形状各异、面积大小不一的成人垂钓池和亲子乐园组成，主要品种包括鲟鱼、虹鳟、金鳟、彩虹鲷、罗非鱼、蓝鲨、红鲤、青鱼、草鱼、鲫鱼、鲇鱼、金鱼、胖头鱼、甲鱼、龟等。

漫步垂钓宫，仿佛走进了一片原始热带雨林，高处的椰子树郁郁葱葱、树影婆娑；中部的南洋杉苍劲有力、玉树临风；低处的火鹤凤梨错落有致、阵阵幽香。小桥流水、亭台楼阁、瀑布飞流、湖面荡漾，是游人愉悦身心、舒缓压力、净化心灵的私密之地。

养殖馆占地1000平方米，主要包括28个养鱼池，封闭式循环水集约化养殖是园区的一大特点。

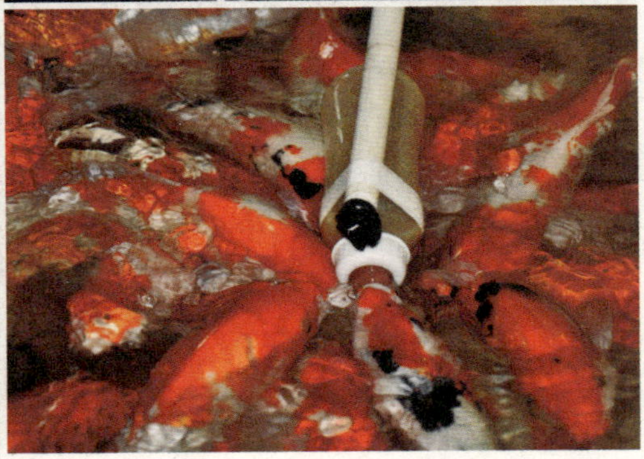

南宫鹦鹉园占地 3200 平方米，是北京品种最多、面积最大的室内鹦鹉聚集园区，目前共有 70 种 2000 多只鹦鹉，红绿金刚鹦鹉、蓝黄金刚鹦鹉、黑葵鹦鹉、非洲鹦鹉、亚洲鹦鹉、亚马逊鹦鹉、澳洲鹦鹉、吸蜜鹦鹉、葵花鹦鹉、绯胸鹦鹉、折中鹦鹉是代表品种。

恒欣源主要由橘园柚香、南国风情、蔬菜迷宫、蔬菜森林、香蕉走廊、花卉产区等组成，主要水果有草莓、蓝莓、香蕉、葡萄、火龙果、西瓜、木瓜、苹果等，一年四季均可采摘。

南宫世界地热博览园主要种植品种均已经通过无公害产品认证。园区被评为国家级标准化示范基地、全国农业科普教育基地，全国农业旅游示范点、AAAA 级旅游景区、青少年科普教育基地、观光农业示范园、“菜篮子”工程标准化基地、北京市观光休闲农业示范园区，北京市精品公园等荣誉称号。

2

绿色家园

私人钓鱼俱乐部

出行信息

地址：丰台区王佐镇王庄村

驾车路线：路线1：京石高速19A出口，南宫王佐出口，出来后直行20米左转500米即到。

路线2：京周路京良桥长阳环岛左转上桥下桥后直行20米左转500米即到。

垂钓品种及价格：草鱼、鲫鱼、鲤鱼均15元/斤，青鱼18元/斤。

垂钓类型：高钓（按斤计算），路亚50元/天，练杆50元/次（会员40元/次）、800元/年不限次

特色美食：自助烧烤、炖柴鸡鸭、清蒸活鱼、自助烧烤

重点推荐：垂钓、路亚、练杆、菜地认养、采摘、自助烧烤、帐篷、吊床

人均消费：50元

开放时间：4～11月

安全保障：紧邻王佐镇中心区，周边一公里范围内各项服务齐全。

联系电话：18618178760（彭女士）

随着生活节奏越来越快，生活的压力也越来越大，人们都想有个这样的地方，不会太远又可以休闲。到绿色家园私人钓鱼俱乐部，远离喧嚣的都市生活，钓鱼、采摘，放松一下，享受渔乐，感受野趣，亲近田园气息，品尝特色的农家美味。北京丰台绿色家园私人钓鱼俱乐部就是这样一个地方。这里的鱼野味十足力道强劲，柴鸡、鸭子味道鲜美，这里的菜没有化肥。来一条鲜活现做的鱼，炖一只没有吃过饲料的鸡或鸭，吃一道没有农药的蔬菜，过上一把田园种菜的生活，享受一天钓翁的乐趣。

北京 BEIJING

10

大兴区

1

碧海田园

垂钓园

出行信息

地址：大兴区安定镇杜庄屯村

驾车路线：大兴区京开高速路（庞各庄出口），然后第二红绿灯（瓜乡桥）左转，沿庞安路向东至西芦村西路口见"西芦各庄欢迎您"牌后，向北 500 米，遇小桥向东路北侧即到。

垂钓品种及价格：刀鱼 30 元 / 斤、淡水黄花 30 元 / 斤、罗非鱼 15 ~ 20 元 / 斤、青鱼 15 ~ 20 元 / 斤、鲫鱼 15 ~ 20 元 / 斤、鲤鱼 12 ~ 15 元 / 斤、草鱼 15 ~ 20 元 / 斤、鲢鱼 15 ~ 20 元 / 斤

特色美食：全鱼宴，三绝特色：一绝炸淡水黄花鱼，二绝清蒸刀鱼，三绝糖醋鲤鱼；另外，农家豆腐、柴锅炖鸡、农家饭、时令野菜也可一尝。

餐饮人均消费：50 元

开放时间：全年

温馨提醒：根据不同时节可采摘不同的应季水果。

联系电话：010-80217028，13651213179、13910159567

垂钓园总占地 4 万多平方米，共有大小池塘 6 个，前身为北京碧海垂钓园，为很多老钓友所熟悉。垂钓园常年备有鲤鱼、鲢鱼、草鱼、鲫鱼、罗非鱼、淡水黄花等十余个品种，这里也是冬季垂钓的理想场所，垂钓园采用高科技工厂化养殖方式，鱼种丰富。垂钓园供钓鱼爱好者和吃鱼爱好者垂钓、品尝。无论是生吃还是烧烤，无论是红烧还是干炸，都能让您满意，而当地风味的侉炖更能让您一饱口福。各式农家菜品：山野菜、花椒芽、野生河鱼、野生河虾、柴鸡蛋、贴饼子、菜团子、小米粥、大渣粥、野菜水煮肉、炸野杏仁全部取自大自然的无污染材料制成。2009 年垂钓园进行了全面改建，增设了会议、餐饮、娱乐服务、商务、自由采摘及特色礼品等附属服务设施。垂钓园内车位充足方便，环境优雅，是人们远离喧闹的都市，感受农村宁静生活的好去处。

2

星月湖

农业休闲观光园

出行信息

地址：北京市大兴区采育镇大黑垡村村北 500 米

驾车路线：路线 1：京沪高速采育出口左转 150 米，见北京星月湖农业休闲观光园指示牌

路线 2：京福公路（104 国道）采育西口向东沿采育街道直行 4.8 公里，到丁字路口左转向北直行进大黑垡村见指示牌行使 1500 米即到。

垂钓品种及价格：鲤鱼 15 元 / 斤、草鱼 15 元 / 斤、花鲢 15 元 / 斤、白鲢 15 元 / 斤、鲫鱼 15 元 / 斤，价格随着鱼体重略有浮动。

特色美食：侉炖鱼、水煮鱼、红烧鱼、烤鱼，或按自己口味需求加工。

重点推荐：天气好的时候，可以泛舟垂钓，野营烧烤。

餐饮人均消费：50 ~ 100 元

开放时间：4 月 1 日至 11 月 15 日

温馨提醒：园区内小别墅可供 10 人左右住宿，还可以采摘各类蔬菜及水果。可提供有机农家饭，养生知识讲座，中医保健美容，健身，茶座，棋牌，图书，晚间篝火，露天 KTV 等休闲项目。

安全保障：园区安全部电话：010-80276172；手机：18610228462。

北京星月湖农业休闲观光园，简称“星月湖”，地处大兴区采育镇大黑垡村内，距北京市区行程仅有 30 多公里，是一座距北京市区较近的园区。星月湖以有机生态农业为主，是以餐饮、会议、住宿、养殖、采摘、垂钓、旅游、休闲度假及农产品加工销售为辅的一体化都市环保农业观光园。园区总占地面积 40 多万平方米，是以生态环境为主题发展的农业园区，并于 2009 年获得多项国家有机农产品证书（农业种植、养殖及水产养殖）。园区内的星月湖总面积十多万平方米，多年来在湖内投放多种鱼苗在自然环境中依靠自然生物而生长，最大尾重已超过 20 斤，味道鲜美，营养价值高，为纯天然有机健康产品。

“清水出芙蓉，天然去雕饰”，星月湖整体环境没有太多人工雕琢过的痕迹，是北京最具有原始生态环境的自然农业观光园，属于自然野钓，同时可容纳 200 人以上，能让喜爱钓鱼的广大钓友体验真正的钓鱼乐趣。

3

玛莱特红酒庄园

休闲垂钓场

出行信息

地址：大兴区采育镇葡萄观光园1号

驾车路线：路线1：京沪高速采育高速口右转，直行900米红绿灯路口右转向北直行1400米即是。

路线2：京津高速于家务高速口出来右转，沿张采路向南直行8.5公里到采林路口右转，沿采林路向西直行3.4公里，到红绿灯路口右转向北直行1.4公里即是。

路线3：京福公路（104国道）采育西口向东，沿采育街道直行4.8公里，到丁字路口左转向北700米即是。

垂钓品种及价格：鲢鱼10元/斤、鳙鱼10元/斤、鲫鱼15元/斤、鲤鱼15元/斤、草鱼20元/斤、燕鲤28元/斤、鲈鳟28元/斤、青鱼30元/斤、猫鱼38元/斤、鲟鱼48元/斤。

特色美食：红酒烤鸽子、时尚中国菜、特色烧烤

餐饮人均消费：50～100元

开放时间：常规垂钓4～11月；冰上垂钓12月～次年1月。

温馨提醒：垂钓场四周围墙封闭，私密性好，安全有保障，钓场服务人员随叫随到。派出所距离均在5分钟车程范围内。公司大门外300米处设有车辆维修专业店。

联系电话：010-80276999、80276611

持书优惠：免费参观酒窖。

玛莱特红酒庄园成立于2005年，地处大兴区T型旅游观光带，与采育百万平方米葡萄观光园融为一体，是都市农业与乡村风光的完美结合，系北京市旅游委评定的首批休闲农庄、大兴区十大农业观光园，同时也是北京市卫生局评定的A级食品单位。

玛莱特红酒庄园占地10万平方米，建筑面积1.2万平方米，以葡萄与葡萄酒文化为核心，生产优质庄园葡萄酒，配套餐饮业，推出时尚中国菜，开创中国菜肴与葡萄酒的搭配模式，有住宿服务和旅游观光农业及休闲垂钓等服务项目。

玛莱特香滨海垂钓休闲区水面面积1万多平方米，水面平均深度3.5米，岸边设有100个钓位，每个钓位设有太阳伞、茶几、藤式椅，是京南最舒适的钓场，是朋友垂钓、商务休闲的好地方。湖水出自地下泉眼，水质洁净，湖中的鱼纯属野生状态，以水草为食，不投喂饲料，鱼不肥而肉质细嫩、味净。

垂钓的间歇，可以游览酒庄葡园的自然风格，可以体验酒庄地下酒窖的神秘氛围，可以品味玛莱特红酒的色香美味，可以去酒吧一展歌喉，疲劳的时候可以到客房休憩……

4

牧歌山庄

出行信息

地址：大兴区礼贤镇东黄垡村
驾车路线：京开高速出京方向15出口出，调头向北走辅路1公里即到。
公交路线：可以乘坐937路公交车在黄垡下车，京开高速对面即是。
垂钓品种及价格：鲤鱼15元/斤、草鱼15元/斤、花鲢15元/斤、白鲢15元/斤、鲫鱼15元/斤。价格随季节波动。
特色美食：全鹿宴、农家饭、时令野菜
重点推荐：园区可露营、烧烤、采摘
餐饮人均消费：50～100元
住宿情况：标准间、小别墅
开放时间：3～11月
安全保障：13071159999 联系电话：010-89219366，13391587778

牧歌山庄（礼贤京双养殖场）依托养殖场的优越基础设施，开发了乡村旅游，休闲农庄项目，于2009年正式对外营业，占地面积160多万平方米，可观光、采摘、垂钓、餐饮、游玩、烧烤，是一处大型生态休闲农庄。

该山庄环境优美，内设休闲体验区，占地面积约14万平方米，可供游人观光，烧烤（设有烧烤广场），垂钓区有钓位近百个，分高钓池和杆池，可组织大型钓鱼比赛。山庄内湖水碧波荡漾，小桥流水，湖中心的小岛上有别墅，还设有多功能会议厅。站在露台上满目春光，可谓京南最美的休闲垂钓园之一。养殖区占地面积2万平方米，驯养繁殖国家一级保护动物梅花鹿，取得了国家林业局的养殖许可，现驯养繁殖梅花鹿150只。餐厅面积500平方米，同时可以容纳150多人就餐，提供代客加工自钓鱼以及采摘的各种新鲜蔬菜、山野菜的服务。餐厅装修典雅，环境秀美，以农家特色为主，并提供特色全鹿宴。

整个园区周围环绕着十几万平方米的梨园，有几十个品种的优质梨、樱桃，是无公害有机食品，取得了国家认证。并有土地供游人种植，体验农耕风情，您可以带着家人和朋友来这里浇水，除草，收获农产品。

5

陶惠园农庄

出行信息

地址：大兴区庞各庄镇中堡桥东 1000 米

驾车路线：北京玉泉营上京开高速公路庞各庄出口东行 1000 米即到。

公交路线：可乘坐 842 路、兴 30 路、兴 28 路、937 路公交在中堡桥（中堡）站下车，向东走 1 公里即到。

垂钓品种及价格：青鱼 20 元 / 斤、草鱼 15 元 / 斤、鲫鱼 15 元 / 斤、鲤鱼 15 元 / 斤

特色美食：柴锅鱼、清蒸鱼、红烧鱼、农家饭、时令野菜

餐饮人均消费：20 ~ 100 元（不包括酒水）

温馨提醒：农庄采摘园内有果园、菜园及其他农作物种植园。3 ~ 4 月可采摘草莓、香椿、野菜，7 ~ 8 月可采摘葡萄、玉米、花生、毛豆等，9 ~ 10 月可采摘京白梨、红薯、南瓜等。另外农庄自种的有机蔬菜可供游客们常年采摘。

开放时间：全年

安全保障：庞各庄派出所 010-89287110；中堡汽车修理厂 010-89289148

联系电话：010-89250699、89289148，13801039149

网址：http://www.taohuiyuan.cn

公众微信号：13801039149

陶惠园农庄是一家集农业旅游、垂钓、餐饮、住宿、私家菜园、特种养殖、特色种植、园林绿化为一体的综合农业观光企业。交通便利，空气清新，环境优美，是京郊举家休闲、朋友聚会、单位活动的首选之地。农庄垂钓池分室内垂钓和室外垂钓两种特色，养殖的鱼干净美观，肉鲜味美，深受垂钓者的青睐。

6

清逸园

餐饮垂钓中心

出行信息

地址：大兴区庞各庄镇西中堡村村西
驾车路线：京开高速魏永路出口前行 2 公里，西中堡村右转直行 500 米
公交路线：可乘坐 842 路、兴 28 路，937 路公交在中堡北（中堡道班，高教书库）站下车，前行见指示牌右转向西走 600 米即到。
垂钓品种及价格：黄金鲫 18 元 / 斤、鲤鱼 13 元 / 斤、草鱼 16 元 / 斤、青鱼 22 元 / 斤，罗非鱼 18 元 / 斤，丁鳜鱼 30 元 / 斤
特色美食：贴饼子、一锅鲜、各种鱼类等健康特色农家美食
餐饮人均消费：50 元
温馨提醒：免费提供各种钓具渔杆、太阳伞、鱼食、休息室；5 ~ 10 月增加罗非鱼、可在采摘园采摘各种蔬菜、水果。
开放时间：4 月 1 日至 11 月 1 日
安全保障：汽车救援电话：010-89289473；派出所电话：010-89287110
联系电话：010-89287860，13161555846
持书优惠：凭此页 9 折优惠。

该园紧邻京开高速，总占地 150 余亩，配套有农家乐餐厅、垂钓园、采摘园和小型猪场等。清逸园绿化面积 20 余亩，同时可接待 200 余人，集成了垂钓休闲、绿色生态餐饮、有蔬菜农产品采摘，以及会议服务、客房服务、绿色 KTV 等多种服务项目。2007 年获北京市十佳民俗户金牌，2011 年获北京市钓协休闲健身基地等奖项。

清逸园目前水面面积 50 余亩，为北京市标准化无公害养殖基地，养殖品种多样化，主要以草鱼、鲤鱼、花白鲢、鲂鱼、鲫鱼、青鱼、罗非鱼、白鲳、蓝鲨等各种淡水鱼为主。可免费提供各种钓具渔杆、太阳伞、鱼食等，价格公道，服务周到。餐饮营业面积 1000 平方米，以农家饭为主，原料以本园种植各种时令蔬菜，鸡鸭鱼为主。采摘园占地 30 余亩，种植各种名特优西瓜，品种有小型西瓜、早红玉小型瓜、黄金满地大型瓜、冰淇淋大型瓜和麒麟大型瓜等，以及各种蔬菜和其他水果等。

7

天兆宝峰

垂钓园

出行信息

地址：大兴区青云店镇东赵村村南 1000 米

驾车路线：玉泉营上京开高速到大兴桥（大兴环岛）东 8 公里，东赵村村南 1000 米即到。

垂钓品种及价格：草鱼 14 元 / 斤、黄金鲫 14 元 / 斤、武昌鱼 14 元 / 斤、鲭鱼 18 元 / 斤、罗非鱼 20 元 / 斤、球溪鱼 35 元 / 斤、丁鳜鱼 40 元 / 斤、水库大胖头 28 元 / 斤、鲟鱼 48 元 / 斤、鲈鱼 48 元 / 斤

特色美食：全鱼宴、野味、农家饭

重点推荐：全鱼宴

餐饮人均消费：50 ~ 200 元（不含酒水）

开放时间：全年

温馨提醒：免费提供垂钓渔具。

安全保障：有保安巡逻，加强安全防范。

联系电话：010-81288285，13810116690、13311300098（王亮）

持书优惠：持本书消费，全鱼宴可享 8.5 折。

天兆宝峰垂钓园占地面积约 5 万平方米，距离市中心 20 公里左右，园内可以养殖、餐饮、住宿、垂钓、娱乐，是京郊休闲、度假、旅游的理想场所。

该园设施齐全，环境优美，服务周到，品种齐全，现放养了草鱼、鲫鱼、武昌鱼、鲭鱼、罗非鱼、球溪鱼、丁鳜鱼、水库大胖头鱼等。这里引进捷克的丁鳜鱼进行实验喂养，现已试验成功。丁鳜鱼俗称丁穗，肉质鲜嫩、细软，更适合老人小孩食用。此外，餐厅还配备了特色野味、特色农家饭。该园在金秋时节还会推出“金秋垂钓品肥鱼”活动以及大型“全鱼宴”，让广大钓友们在享受垂钓乐趣的同时，更能享受到吃鱼的另一番乐趣。

天兆宝峰垂钓园在养殖过程中，严格执行标准化管理，2011 年被授予“北京市养殖业标准化生产基地”称号，餐厅被授予“特色全鱼宴”称号。

8

绿源之洲庄园

出行信息

地址：大兴区青云店镇曹村向东 1000 米
驾车路线：南六环，南大红门向南 2 公里，曹村路口左转直行 1500 米即到。
公交路线：可乘坐 926 路、341 路、兴 49 路在曹村站下车，前行曹村路口左转直行 1500 米即到。
垂钓品种及价格：草鱼 15 元 / 斤、鲤鱼 12 元 / 斤、鲫鱼 15 元 / 斤、武昌鱼 30 元 / 斤、青鱼 28 元 / 斤、胖头 15 元 / 斤、鲟鱼 40 元 / 斤
特色美食：各种野味，农家侉炖鱼，农家柴公鸡
餐饮人均消费：50 ~ 150 元（不含酒水）
开放时间：垂钓园区每年的 3 ~ 11 月，餐饮部、客房部、茶艺园全年开放。
安全保障：安保负责人电话：13681410011
联系电话：餐饮部 010-81289090、81289191，13611130530；客房部 010-80236021
持书优惠：消费满 500 元返 50 元券。

绿源之洲庄园，毗邻南六环，西侧紧邻 104 国道，距离市区直线距离 20 公里。庄园是一家集垂钓、餐饮、茶艺、宾馆、采摘于一体的大型的休闲娱乐度假村。绿植绿化覆盖其周围，空气清新，环境优美安静，是携带家人度假的首选，让您远离城市的喧嚣，放松心情，享受一份田园的宁静。

垂钓园占地 50 亩，四个鱼池，放养鲤鱼、草鱼、鲫鱼、罗非鱼、武昌鱼、丁鳜鱼、胖头鱼、球溪鱼、鲟鱼等多种品种，并聘请专家引进进口的品种进行试验饲养，不断丰富鱼类的种类，以满足不同客户的需求。庄园内还成立了“鱼友俱乐部”，现俱乐部已有会员 100 余人。渔友们定期举办钓鱼比赛，共同交流探讨垂钓经验，以鱼会友，结交志同道合的朋友。

庄园还设有私房餐厅，环境高雅，食材全部选用自产的新鲜蔬菜、散养的家禽、家畜，无公害、无污染纯绿色食材保证客户的安全。农家的口味、温馨的环境让您有回家的感觉。特色的菜品有各种野味，自产的全鱼宴。客房规格高、中、低档任您选择，房间设施齐全，空调、彩电、独立卫生间、24 小时热水让您倍感舒适、温馨。

茶艺中心供爱茶者、垂钓者聊天、消遣和交际，让您“以茶会友，鱼乐天下”，另有采摘园也是休闲的好去处。

北京 BEIJING

11

延庆区

1

燕山天池

垂钓区

出行信息

地址：延庆区香营乡

驾车路线：沿京藏高速至延庆县城，向旧县方向，直行到延白河堡水库按路牌行进即可。

垂钓品种及价格：草鱼、鲤鱼、鲇鱼、鲫鱼，每杆 50 元 / 天（花鲢、白鲢不开展垂钓），今年新开展路亚钓鱼

特色美食：大锅炖鱼、农家饭

重点推荐：白河大峡谷，春季赏景，秋季采摘

开放时间：4 月 20 日至 10 月 25 日

温馨提醒：可以为游客提供烧烤区。

联系电话：13911012397

燕山天池—白河水库位于延庆县东北山区白河上游，距北京市区 110 公里，距延庆县城 30 公里，是北京地区海拔最高的水库，故名为：燕山天池。白河水库是为跨流域引水而兴建，是北京地区不可多得的一盆洁净水源，它坐落在白河堡水库火山沉积盆地之上，四周山势起伏，水面浩渺，林带环绕，环境静谧，有“高峡平湖”之美誉。库区风光随着季节变换而波谲云诡：春季，山花烂漫，候鸟栖依，一派生机盎然景象；夏季，蓝天倒映，清风习习，水库平均气温 20℃，是人们休闲避暑的好去处；秋季，水库周边群山层林尽染，一汪碧水，波光粼粼，远望炊烟袅袅，近听渔歌晚唱；冬季，天池积雪，山舞银蛇，松涛低吟，别有韵味。饮口山泉水，捧束鲜花，采把野果，漫步于白河岸边绿荫长廊，再呼吸一口清新空气，品上一顿水库特色的大锅炖鱼，尝上一口农家饭菜，更是令人心驰神往。

2

王泉营

渔场

出行信息

地址：延庆区王泉营村西

驾车路线：自北京德胜门至延庆县城，到日上市场东，行驶到王泉营村即到。

公交路线：德胜门乘 919 路公车到延庆京张路口北，再往东南走，沿滨河北路向东方向走，王泉营村西即到。

垂钓品种及价格：草鱼 12 元 / 斤、鲢鱼 12 元 / 斤、鳙鱼 12 元 / 斤、鲫鱼 12 元 / 斤、鲤鱼 12 元 / 斤，杆池按每杆每天 100 元

特色美食：碳烤羊腿、碳烤兔子、碳烤火鸡腿等

餐饮人均消费：50 元

开放时间：全年开放

联系电话：010-60156565，13521749555

王泉营渔场紧邻 110 国道，交通便捷。垂钓区面积约 2.5 万平方米，垂钓品种有鲤鱼、草鱼、鲢鳙、鲫鱼等，园区内有特色炭烤羊腿、各种烤串等，更是让您回味无穷。在这里垂钓休闲，可以尽情享受乡村的淳朴风情。

3

吴庄

垂钓园

出行信息

地址：延庆区张山营镇吴庄村

驾车路线：自北京德胜门至延庆县城，到张山营镇吴庄村。

公交路线：德胜门乘 919 路公共汽车到延庆县城，再换乘 920 路公共汽车到张山营镇靳家堡村站下，步行向南，10 分钟就可到达。

垂钓品种及价格：草鱼 12 元 / 斤、鲤鱼 12 元 / 斤、武昌鱼 13 元 / 斤、鲫鱼 13 元 / 斤

特色美食：吴庄村北有农家院，可品尝柴锅鸡、炖鱼、时令山野菜

开放时间：全年开放

联系电话：010-69199908，13801066543

吴庄垂钓园又名鸿润泽养殖专业合作社，垂钓园占地面积 4.7 万平方米，对外开放垂钓面积 1.6 万平方米。吴庄垂钓园是新改造的渔场，各项设施齐全，环境优美，垂钓品种有草鱼、松浦镜鲤、武昌鱼、鲫鱼等。垂钓园与玉渡山和野山峡风景区紧紧相邻，远离城市的喧嚣，能让人置身清新宁静的田园风光之中，是周末休闲度假的一个理想场所。

4

珍珠泉

度假村

出行信息

地址：延庆区珍珠泉乡东南

驾车路线：从京藏高速公路至延庆县城，经延琉路、四海，到珍珠泉乡即可。

公交路线：北京德胜门（919）至延庆总站换乘（925）四海小川方向，到珍珠泉乡下车。

垂钓品种及价格：鲤鱼 15 元 / 斤、草鱼 15 元 / 斤、胖头鱼 15 元 / 斤、鲢鱼 15 元 / 斤、鲫鱼 15 元 / 斤，虹鳟、金鳟 25 元 / 斤，杆池每杆每天 30 ~ 200 元

特色美食：炖鱼、柴锅鸡、时令山野菜、烧烤、农家饭

重点推荐：周边有薰衣草园、齐仙岭、珠泉喷玉、九眼楼等景点

餐饮人均消费：50 元

温馨提醒：早晚天气较凉，请多带衣服。晚上不开展垂钓。

开放时间：3 ~ 11 月

联系电话：13910380377

珍珠泉乡地处延庆县城东北部山区，距县城 55 公里，以休闲垂钓、烧烤、餐饮、住宿、娱乐为一体，餐厅、住宿、卡拉 OK 厅、台球、乒乓球馆等设施一一俱全，可同时容纳 150 人住宿，500 人就餐。

度假村依山傍水，气候宜人，乡风淳朴，拿着渔杆一边钓鱼一边感受山间的幽静，周边的珠泉喷玉、留香谷庄园的美景对生活在日益拥挤喧嚣的城市人来说，足以将纷乱繁杂的心绪滤净，让人获得少有的静谧，有一种回归大自然母亲怀抱的温馨舒适感，是集旅游观光、休闲娱乐、度假于一体的好去处。

5

龙泉渔港

垂钓园

出行信息

地址：延庆区张山营镇前庙村南

驾车路线：自德胜门至延庆县城，经延农路到前庙村南。

垂钓品种及价格：200 元 / 杆 / 天

开放时间：3 ~ 11 月

联系电话：13911388192

龙泉渔港垂钓园北临前庙村有机葡萄基地，南临官厅水库，周围是湿地自然保护区，早春万柳吐绿，生机勃勃，春意盎然；夏季荷花亭亭玉立，芦苇翠绿欲滴，与碧波共绿；金秋时节，金色的苇穗和棕色的香蒲果穗在晚霞中摇曳，仿佛湖上仙境；隆冬时节，千里冰封，别具一番情趣。

垂钓园水面面积 100 多亩，是一家无公害养殖基地，以泉水做水源，是以养殖、垂钓为一体的养殖场，垂钓品种有鲤鱼、草鱼、鲢鳙、鲂鱼、鲇鱼等，休闲之余还可以到周边村里吃农家饭、体验田园风光、采摘等农业观光活动，是休闲垂钓、度假的好地方。

6

小丰营

垂钓园

出行信息

地址：延庆镇康庄镇小丰营村

驾车路线：德胜门至延庆县城，经百康路到小丰营村南。

公交路线：德胜门乘 919 路公交车到延庆，换乘 921 路公交车（延庆—野鸭湖）到小丰营村即到。

垂钓品种及价格：草鱼 12 元 / 斤、鲤鱼 12 元 / 斤、鲢鳙鱼 12 元 / 斤、鲫鱼 14 元 / 斤、鲂鱼 14 元 / 斤

餐饮人均消费：50 元（距离最近农家院 1 公里）

开放时间：3 ~ 11 月

联系电话：15910324106

小丰营垂钓园北临妫水公园，南接百康路，周围是千亩绿色蔬菜基地，自然风光秀美，田园风情浓厚，交通便捷。垂钓园占地面积 4 万平方米，是以养殖、垂钓为一体的养殖场，场内管理规范，设施齐全，垂钓品种有鲤鱼、草鱼、鲢鳙、鲂鱼等，休闲之余还可以到周边村里吃农家饭、体验田园采摘等农业观光活动，是休闲垂钓、度假的好地方。

北京 BEIJING

12

密云区

1

金水湾

垂钓园

出行信息

地址：密云区北庄镇朱家湾村

驾车路线：京承高速 22 出口，右转直行 1.5 公里朱家湾村即到。

公交路线：东直门乘 970 路、980 路在密云鼓楼下车，换乘密云至北庄的班车在朱家湾下车过桥步行往东 500 米即到。

垂钓品种及价格：草鱼 10 ~ 15 元 / 斤、鲤鱼 10 ~ 15 元 / 斤、鲫鱼 10 ~ 15 元 / 斤

特色美食：柴鸡、美洲雁

餐饮人均消费：80 元

温馨提醒：因为山区早晚较冷，需要多带一点衣服。

联系电话：010-81001858

持书优惠：免费送一道特色菜。

金水湾垂钓园坐落在秀丽的密云区北庄镇的清水河畔，占地面积约 7 万平方米，流水养殖区 3.33 万平方米，是集名优鱼种生态养殖、餐饮、垂钓、采摘、住宿、观光为一体的综合性园区，可同时接待 200 人就餐，70 人住宿，500 人垂钓。此园区放养的柴鸡、美洲雁等野味更是绝美佳味。

2

兴方通不老山庄

出行信息

地址：密云区不老屯镇转山子村

驾车路线：路线1：沿101国道行驶，途经穆家峪、白龙潭、太师屯、松树峪、高岭、不老屯、到转山子。

路线2：京承高速行驶，途经密云至松树峪（出口）、途经高岭、不老屯、转山子。

路线3：沿密云到溪翁庄，经过石城、黑龙潭、不老屯、转山子。

公交路线：东直门乘980路至密云大剧院站，乘密24路至转山子站。

垂钓品种及价格：野外垂钓，5:00～22:00，40～80元/杆。

特色美食：侉炖鱼、酱炖鱼、烤鱼、山珍、农家绿色生态主食等

重点推荐：探幽、观光、采摘、室外烧烤、水面娱乐项目等。

餐饮人均消费：50～200元

温馨提醒：地区气候变换大，夏天出行必备雨具，春秋带冬装。

联系电话：010-69033380，13661044418

持书优惠：持本书消费，可打95折。

兴方通不老山庄是“兴方通国际生态产业文化谷”的重要组成部分，是休闲、郊游、探幽、观光、采摘、会务的理想选择。这里历史悠久，文化厚重，有距今4100多年前的北京地区第一古城——共工城；资源丰富、环境独特，麦饭石矿藏1亿吨以上。有享誉中外的燕香板栗和被乾隆皇帝称为“梨中之王”的黄土坎鸭梨；有全国前三甲的不老村矿泉水，空气负氧离子高于市区25倍以上，是天然的“大氧吧”。这里还有一座21.33万平方米自然水库，长期生长着野生鱼和散养鱼，可供垂钓、品尝。现有豪华套间、商务套间及标准客房，可容纳百余人下榻，豪华套间260元/间、商务套间360元/间、标准客房200元/间，娱乐设施齐全。室外烧烤情趣迷人，水面还可以开展划船、航模、游泳等多项娱乐项目。

3

不老生态园

出行信息

地址：密云区不老屯镇西学各庄村

驾车路线：路线1：沿101国道行驶，途经穆家峪、白龙潭、太师屯、松树峪、高岭、不老屯、到西学各庄村。

路线2：沿京承高速行驶，经密云、松树峪（出口）、高岭、不老屯、到西学各庄村。

路线3：沿途密云至溪翁庄，途经石城、黑龙潭、不老屯，到西学各庄村。

公交路线：东直门乘980路至密云大剧院站，乘密28路至柳树沟站下车。

垂钓品种及价格：鲤鱼、草鱼15～20元/斤，鲢鱼25元/斤

特色美食：侉炖鱼、酱炖鱼、烧烤鱼、食用菌、绿色生态主食等。

重点推荐：观密云水库全景、赏天鹅栖息、品绿色食品。

人均消费：50～200元

住宿情况：标准间150～200元/间

温馨提醒：地区气候变化大，夏天出行必备雨具，春秋带冬装。

联系电话：010-81091198，13331073259

持书优惠：持本书消费，可以打95折。

不老生态园是密云现代农业生态园的代表，位于不老屯镇琉辛路中段，此位置背山面水，环境幽雅，空气清新，土壤肥沃，含有丰富的矿物质，是农作物养分的重要来源之一，全园绿化面积达到20多万平方米，是为城市居民提供休闲、观光、采摘、垂钓和品密云水库鲜鱼的主要场所。园内同时还配有餐饮，会议馆等优质的服务设施，以“倡导绿色餐饮，打造不老生态品牌”。

4

史庄子

民俗休闲度假村

出行信息

地址：密云区不老屯镇史庄子村

驾车路线：路线 1：沿 101 国道行驶，途经穆家峪、白龙潭、太师屯、松树峪、高岭、不老屯、到史庄子村。

路线 2：沿京承高速行驶，经密云、松树峪（出口）、高岭、不老屯、到史庄子村。

路线 3:沿密云，溪翁庄，石城，黑龙潭，不老屯，到史庄子村。

公交路线：东直门乘 980 路至密云大剧院站，乘密 28 路到史庄子村下车。

垂钓品种及价格：草鱼、鲤鱼等 15 ~ 20 元 / 斤

特色美食：农家扣肉、农家红烧肉、柴锅炖鱼、鱼头泡饼、柴锅贴饼子、麦饭石卤水豆腐、小鸡炖蘑菇、野芹菜馅包子、饺子、榆钱饽饽等

重点推荐：水库岸边住、静听鸟虫声、游赏云峰山、品尝生态饭。

餐饮人均消费：50 ~ 200 元

温馨提醒：地区气候变换大，夏天出行必备雨具，春秋带冬装。

联系电话：13264419076、13264221860、13126973422、13269328003

持书优惠：持本书消费，可以打 95 折。

史庄子村坐落于著名的密云水库北岸，不老屯镇的不老湖畔。森林覆盖率 80% 以上，常年平均温度比市区低 5℃，区内奇峰林立、千姿百态、林海苍郁，森林气息十分浓郁，组成了一幅壮丽的自然画卷，是华北地区最佳的自然风景区之一，是天然的“氧吧”。不老湖畔满山影影绰绰的松柏野花，耀眼夺目，层林尽染。湖中清水见底，高空的白云与山的轮廓清晰地倒映在水中；水草在湖底幽幽起舞；欢快的鱼儿在水中无忧无虑地畅游。湖内除了水草、鱼儿与倒映的白云及山的影子，湖周围尽是一片绿色，翠色遍地。

5

龙门吉祥

度假山庄

出行信息

地址：密云区古北口镇

驾车路线：路线 1：从东北三环太阳宫桥上京承高速，密云出口下高速，向北即到密云，沿 101 国道行驶，古北口隧道南 200 米路东。

路线 2：从北京至枯柳树环岛，环岛右转走顺平路向东，经顺义城区，过彩虹大桥左转，走密顺路一直往北，至密顺路口，路口直行即达密云城区中心。

路线 3：沿 101 国道行驶，途经沙峪沟、穆家峪、白龙潭、太师屯、桑园、古北口一线。

公交路线：东直门乘 980 路至密云公交车站，乘 25 路至古北口村即至。

垂钓品种及价格：草鱼、鲤鱼、鲫鱼，20 ~ 30 元 / 斤

特色美食：手抓羊肉、菜团子、绿色食品

重点推荐：手抓羊肉、正宗农家粗粮、柴鸡蛋、山野菜和地道柴鸡等农家特色菜肴令人回味无穷。

餐饮人均消费：100 ~ 200 元

温馨提醒：周边景色宜人且离长城很近，游客出游时候注意安全。

联系电话：010-81052605，13801084060

持书优惠：持本书消费，可以打 95 折。

山庄位于具有“京师锁钥”之称的密云区古北口境内，离北京市区约 120 公里，占地面积约 53 万平方米。长城脚下，潮河之滨，山庄内独特的农家院风格与众不同，餐厅宽敞洁净，装修简约，环境优美，服务周到，饭菜可口，经济实惠，被北京市卫生监督局评定为 B 级单位。山庄可同时容纳 100 人食宿，客房干净整洁，价格合理，每个房间内均配备热水器，空调，电视。山庄可提供垂钓、采摘、篝火、烤全羊、卡拉 OK、棋牌等娱乐项目，这里的手抓羊肉、正宗的农家粗粮、柴鸡蛋、山野菜和地道的柴鸡等农家特色菜肴更是令人回味无穷。

山庄还可提供周边旅游景区门票等一条龙服务，是郊游、度假、写生的理想选择。

6 碧水清清

垂钓园

出行信息

地址：密云区大城子镇墙子路村

驾车路线：自北京城区出发，走京承高速至密云大城子出口，至密兴路即到。

公交路线：东直门乘 980 路至密云汽车站，乘密 16 路至梯子峪下车。

垂钓品种及价格：鲟鱼、鲤鱼、草鱼、花鲢、白鲢、虹鳟、鲫鱼，价格随市场价而定

特色美食：炖鱼、虹鳟刺身、烤虹鳟、鲟鱼五吃、白洋淀特色的炖鱼、烤全羊等

餐饮人均消费：100 元

联系电话：010-61070966，13911411393

持书优惠：持本书消费，可以打 95 折。

碧水清清垂钓园地处密云区城东侧，交通便利，山清水秀，环境优美，气候宜人，这里可以旅游、度假、餐饮、娱乐、垂钓，是一处具有自身特色的度假休闲胜地。

垂钓园拥有上万平方米的水塘，鱼类品种繁多，有鲟鱼、鲤鱼、草鱼、花鲢、白鲢、虹鳟、鲫鱼等。餐厅可同时接待 100 人就餐。在此您可品尝到白洋淀特色的炖鱼、虹鳟、鲟鱼五吃等各种风味精美菜肴及京郊风味小吃；炎炎夏日在凉亭下就餐，环境清幽恬静，既可用餐又享受蓝天碧水、碧波荡漾的风光，以及四周的自然景观与人文景观；同时垂钓园设有 KTV 包房、垂钓、台球等娱乐项目。园内设有客房 10 间，价格为 70 ~ 100 元 / 天，设施与功能齐全，格局典雅，空调、彩电、卫生设备、程控电话等配置俱全，使您的旅途尽享温馨舒适。

7

圣水渔村

出行信息

地址：密云区穆家峪镇碱厂村东

驾车路线：自北京沿京承高速至穆家峪镇18出口，行5公里至碱厂村即至。

公交路线：东直门乘980路至密云大剧院，乘密23路至碱厂村下车。

垂钓品种及价格：草鱼、鲤鱼、鲫鱼、鲇鱼、青鱼、鲂鱼，价格随市场价待定。

特色美食：绿色农家菜

餐饮人均消费：50～60元

温馨提醒：渔场水深，请游客注意。

联系电话：010-61052614 13716760635

持书优惠：住宿可以打9折。

圣水渔村位于密云水库潮河主坝下游1公里处，临近京承路，登临潮河主坝，听水涛拍岸，临风远眺，一览浩渺水面，叠翠山峦，一定会让您流连忘返。

渔村具有水产养殖、垂钓餐饮、休闲娱乐、住宿、会议接待等综合性服务功能。小区占地约5万平方米，现有养殖水域3万平方米，养殖的品种主要有鳜鱼、鲟鱼、梭鲈等。小区环境优美，交通便利，食宿方便，拥有30间餐饮用房450平方米，可接待300人同时就餐，双人间客房40间。

8

维旌山庄

出行信息

地址：密云区穆家峪镇碱厂村

驾车路线：从北京城区沿京承高速至穆家峪镇出口，行 5 公里至碱厂村。

公交路线：东直门乘 980 路至密云大剧院，乘密 23 路至碱厂村下车。

垂钓品种及价格：花鲢、白鲢、草鱼、鲤鱼、鲫鱼，80 元 / 天 / 杆 / 人

特色美食：烧烤

重点推荐：篝火晚会 野味烧烤

餐饮人均消费：35 ~ 60 元

联系电话：13911927477

持书优惠：住宿打 8 折，餐饮打 9 折

维旌度假山庄坐落在北京密云水库潮河主坝下，不仅有餐饮住宿，还建有人工湖，湖面可达 5 万平方米，依山傍水，气候宜人。5 万平方米的湖面可供游人临湖垂钓，置身绿草柳荫之间，可在湖内荡桨，寻找“舟行碧波上，人在画中游”的感觉，湖边还可举行篝火晚会及野味烧烤。山庄建有可容纳 300 人同时用餐的餐饮用房和可接纳 200 多人同时住宿及会议的配套用楼，是家庭、个人和团体旅游、观光、度假、会议的绝好去处。曲径通幽，温馨静谧，观湖光山色，闻农家气息，怡情养生。一方水土，一方美食，山珍湖鲜，绿色天然。山庄位于北京的水源地，拥有闻名北京的水库鱼，鱼儿在纯自然的环境下长大，绿色、健康，鱼在山庄厨师的巧手之下更加的鲜美。

9

云景山庄

出行信息

地址：密云区穆家峪镇碱厂村南

驾车路线：从北京城区沿京承高速至穆家峪镇出口，行 5 公里至碱厂村。

公交路线：东直门乘 980 路至密云大剧院，乘密 23 路至碱厂村下车。

垂钓品种及价格：草鱼 10 ~ 12 元 / 斤、鲤鱼 6 ~ 8 元 / 斤

特色美食：侉炖鱼，味道鲜美、营养丰富，是一定要品尝的美味。

重点推荐：夏天的夜晚，漫步周边，繁星闪烁，鸟啼虫鸣，可以忘忧山水之间。

餐饮人均消费：50 元

温馨提醒：因为山区早冷较冷，需要多带一点衣服。

联系电话：13511060599

持书优惠：持本书消费，可以打 95 折。

云景山庄拥有水产养殖、垂钓餐饮、休闲娱乐等综合性服务。水产养殖水域面积近 4 万平方米，准二星级客房 50 间，可容纳 100 人住宿，可同时接待 400 人用餐。云景山庄，依山傍水，环境优美，近 3 万平方米的水面，4 万平方米的种植园，瓜果蔬菜一应俱全。四合院式餐厅格局与众不同，厅内宽敞、洁净，装修简约实用。院中草坪、花木让人心旷神怡，在水上餐厅用餐，品尝农家风味菜肴的同时欣赏周围山水画卷，更增添情趣。

10

桂芬养鱼合作社

出行信息

地址：密云区新城子镇花园村

驾车路线：京承高速到密云走 101 国道，到桑园右拐到，新城子花园村。

公交路线：东直门乘 980 路至密云大剧院，乘密 38 路至花园村下车。

垂钓品种及价格：草鱼 20 元 / 斤、鲤鱼 18 元 / 斤

特色美食：清炖鲟鱼

重点推荐：水上娱乐、台球、乒乓球、篮球、羽毛球、KTV

餐饮人均消费：40 ~ 80 元

温馨提醒：注意防火，禁止下水游泳。

联系电话：010-81023038，13641346831

持书优惠：持本书消费，可以打 95 折。

桂芬养鱼合作社地处雾灵山脚下、安达木河上游，自然环境优美，山清水秀。2001 年 3 月在市人大代表于桂芬带领下，17 户村民集资 17 万元开始兴建流水养殖小区。养殖小区共占地 3.6 万平方米，其中流水养殖池 4500 平方米，温室大棚 1320 平方米。小区集养殖、餐饮、垂钓、住宿、会议、娱乐于一体，有 80 多间标准间，120 元 / 间。合作社以养殖鲟鱼、虹鳟等优质鱼类为主，年产量达到 5 万公斤。

11

金地庄园

出行信息

地址：密云区阳光大桥向北 500 米左右即到

驾车路线：京承高速密云城区出口下高速，向密云水库方向行驶，5 公里路西即到（门口有路标指示）。

公交路线：东直门乘 980 路至密云大剧院，乘密 8 路至阳光大桥下车。

垂钓品种及价格：草鱼 10 ~ 12 元 / 斤、鲤鱼 10 ~ 12 元 / 斤、虹鳟鱼 25 ~ 30 元 / 斤、鲢鱼 15 ~ 20 元 / 斤、鲫鱼 10 ~ 12 元 / 斤

特色美食：烤鱼、生鱼片、酱炖鱼、农家炖菜

重点推荐：白天可在园区采摘、垂钓，晚上在别墅里品茶、赏月。

餐饮人均消费：50 元

温馨提醒：在山水间早晚较凉，即使夏季也需要带一件长袖外套。

联系电话：010-89087977，13901372350

持书优惠：持本书消费可享 9 折优惠。

金地庄园位于密云城区西北 2 公里处的白河西岸边，背有青山环绕，前有绿水荡漾，这里可以休闲、采摘、垂钓、旅游、餐饮、住宿，是一处综合性农庄。庄园占地面积 12.5 万平方米，其中种植园区 7.3 万平方米，垂钓园区 2.5 万平方米，餐饮住宿园区 2.6 万平方米。游历于庄园间，既可品尝自己新采摘的葡萄、苹果、桃、李等各种无公害的水果，又可悠闲地坐在鱼池边钓上几钩，钓上来的鱼还可以在餐厅加工成各种口味，如酱炖、侉炖、红烧等，味道极其鲜美，同时还有自家种的各色蔬菜可以品尝。如果意犹未尽还可留宿一晚，入住山边的双层别墅（600 元 / 间），晚上可以坐在露台上品茶赏月，倾听虫鸣，闻草香。早晨会被山林间各种鸟鸣叫醒，十分休闲自在。

12

云蒙三峪风景区

出行信息

地址：密云区西田各庄镇牛盆峪村

公交路线：东直门乘坐 980 路，在密云大剧院下车原地等 3 路公交（标有三峪）直达景区。

垂钓品种及价格：鲤鱼 20 元 / 斤、钓鱼票 20 元（无时间限制）

特色美食：水库鱼

人均消费：40 元

住宿情况：100 元 / 间

联系电话：010-61008258，13911652501

持书优惠：持本书消费，可以打 95 折。

云蒙三峪风景区位于北京密云西部，云蒙山南岭，距北京市区 70 公里、密云城区 15 公里，西与青龙峡相邻，东与密云水库相望。

景区内山谷曲折蜿蜒，总长 15 公里，谷底为云蒙山原始森林，景区内岩壁陡峭、山势险峻、丛林飞瀑、云雾缭绕，青山绿水、潭瀑遍布、溪流清澈见底，置身其内，放松身心，回归自然。峪口山脊上耸立着雄伟的古长城，与山脚仙龙庄园相晖映。峪内的自然景点有 30 余处，人行其中，步移景异，十余公里长的峡谷内处处如画，目不暇接。三峪风景区一年四季景色各有特色：春天满目新绿，生机盎然；夏季山花遍布，碧潭飞瀑；晚秋层林尽染，五彩缤纷；严冬银装素裹，晶莹洁白。云蒙三峪风景区更是进行革命教育的好去处，内有抗日战争遗址丰滦密三县联合政府遗址，还有记载抗日英雄事迹的英雄纪念碑。景区内仙龙庄园可同时容纳 400 人用餐，可接待会议住宿。云蒙三峪一年四季都是休闲度假、会议、旅游胜地。

13

楚乡人家

渔业小区

出行信息

地点：密云区溪翁庄镇

驾车路线：自北京东北三环太阳宫桥至京承高速16号出口下高速公路，所有红绿灯全部直行（水库风景区方向），在水库宾馆红绿灯左转，行3公里到达。

公交路线：东直门980快车至密云鼓楼，原地换乘密8路公交，到尖岩终点，向北200米楚乡人家即到。

垂钓品种及价格：鲤鱼14元/斤、鲫鱼16元/斤、草鱼16元/斤、青鱼25元/斤、胖头鱼18元/斤、鲇鱼28元/斤、黑鱼28元/斤、虹鳟30元/斤

特色美食：鱼宴

周边景点：云龙涧、桃源仙谷、黑龙潭、京都第一瀑、清凉谷、云佛山滑雪场

餐饮人均消费：50～100元

住宿情况：标准间160元/间、套间280元/间、单人间120元/间

联系电话：010-69015656，13801188084

持书优惠：持本书消费，可以打95折。

楚乡人家（北京秀水生态农业观光园）坐落于北京市密云水库西岸，离水库白河主坝仅2公里，距京承高速密云出口仅17公里，占地约14万平方米。山庄内拥有2000平方米的餐厅、4000平方米免费露天游泳池、6000平方米免费停车场、7000平方米垂钓池、20000平方米的真人CS游戏场地，是一家集餐饮、住宿、垂钓、采摘、真人CS、地面拓展、登山于一体的综合性农庄。

山庄内不仅有浓郁的北方风情，同时更能感受到来自湖北鱼米之乡的“楚乡风情”；不仅能让您体验具有浓郁军事特色的真人CS户外运动，更能让您感受到浓厚的农耕文化氛围，真正地实现土地认种、果树认养。果园占地10万平方米，每年6月份以后您不仅能吃到时令水果（桃、杏、李子、灵枣、苹果、葡萄、柿子、玉米、地瓜、红果），更能品尝到干果（核桃、栗子）。采摘园内种类齐全，品种繁多。其中苹果不仅有北京人爱吃的国光、富士，更有青冠、红香蕉、黄元帅、青光、红星等品种，葡萄不仅有提子、玫瑰、玛瑙；更有新疆独有的奶葡萄等品种系列。沿着山庄后山的小路拾级而上，春来鲜花遍野，夏来山风习习，秋来红叶似火，冬来银装素裹，俯瞰着水库那烟波浩渺的湖面，欣赏着身边的美景，定能让您心旷神怡，超然世外。

楚乡人家渔业小区不仅为游客带来了南方特色小炒、美味佳肴，更充分利用密云水库独有的渔业资源，融合南北方吃鱼、做鱼的特色特点，制作出了酱炖、侉炖、剁椒、红烧、清蒸、酸菜炖、老干妈炖等一系列大众常吃爱吃的美味佳肴。在每年每届的密云水库“鱼王美食节”上，更是大获殊荣。

14

山水青青

美食城

出行信息

地址：密云区西田各庄镇小水峪村

驾车路线：路线 1：沿京承高速（101 国道），至密云城区（出口），到西田各庄镇，至小水峪村即到。

路线 2：京承高速怀柔出口沿 101 国道直行到统军庄路口左转直行到头，再右转到卸甲山路口，左转直行到头，再左转直行到小水峪路口，右转见十字路口左转即到。

公交路线：东直门乘 980 路至密云大剧院站，乘密 3 路至西庄户站换乘密 3 支，至小水峪村即到。

特色美食：烤全羊、炖鱼头、山野菜

人均消费：100 元以内

住宿情况：标准间 168 元 / 间

联系电话：010-61003888，13716182171

持书优惠：持本书消费，可以打 95 折。

美食城建立于 2005 年，占地面积 800 亩，是一家集餐饮、住宿、垂钓、采摘，是一家综合性生态农庄。这里自然环境优美，春天山花烂漫，夏季凉风习习，秋季硕果累累，冬季白雪皑皑。在这里可以品尝到地道的烤全羊、炖鱼头、山野菜等，每年接待的游客量达到 15000 人次。美食城还紧邻云蒙三峪自然风景区、青龙霞自然风景区、青龙湖风景区等旅游景点。

15

静海

垂钓园

出行信息

地址：密云区西天各庄镇苍头村东

驾车路线：京承高速西统路出口下高速，向北行驶 8 公里看到（城区方向 9 公里牌子）右转，继续行驶 0.5 公里看到静海垂钓园牌子即到。

公交路线：密云 3 路、12 路、987 路公交车可到。

垂钓鱼种及价格：鲤鱼 13 元 / 斤、草鱼 18 元 / 斤

特色美食：农家饭菜

餐饮人均消费：60 元

住宿情况：暂无，提前预订可安排农家院。

持书优惠：9 折

周边景点：三峪风景区

静海垂钓园一期占地面积约 150 亩，建筑面积 4 万平方米，交通便利，自然环境优美，已初步形成了集休闲、垂钓、餐饮为一体的观光旅游格局。垂钓中心分为垂钓区、高钓区、冬钓区等。主要垂钓种类有鲤鱼、草鱼、鲫鱼等。

PART 02

天津地区

TIANJIN

天津 TIANJIN

01

蓟县

1

金地

垂钓园

出行信息

地址：蓟县官庄镇联合村内金水庄园北500米

垂钓品种及价格：青鱼25元/斤、鲤鱼20元/斤

特色美食：水煮鱼、炖鱼

开放时间：4～11月

安全保障：派出所 022-29825556

联系方式：18920279596，15122093134 王女士

金地垂钓园以家庭游客为主要目标群体，推行度假体验休闲生活，促进渔业与其他产业的融合发展，努力建成休闲渔业旅游目的地。现有室内高档小木屋两座，建筑面积100平方米，可同时接待20人；垂钓池一个，池内有青鱼、鲤鱼、鲢鳙鱼等，可供游客休闲垂钓；垂钓园内有果树上千棵。园内目前提供高档小木屋住宿（1000元/天），内设厨房，不包三餐，园内采摘蔬菜水果可随便享用。

2

长寿

垂钓园

出行信息

地址：蓟县穿芳峪镇毛家峪村内
驾车路线：津蓟高速出口右拐沿北外环向东至穿芳峪镇小辛庄村左拐即到。
垂钓品种及价格：青鱼 25 元 / 斤、鲤鱼 20 元 / 斤
特色美食：烤鱼、鱼肉丸、水煮鱼、炖鱼
开放时间：3 ~ 12 月
安全保障：派出所 022- 22762016
联系方式：13752603868

长寿垂钓园所在的毛家峪村是最近几年远近闻名的旅游度假胜地，依山傍水、景色宜人，有着丰厚的人文景观，交通便利，蓟县城内有旅游班车直达此地。长寿垂钓园是以垂钓、烧烤、住宿为一体的休闲度假场所。现有垂钓池塘 3 个，面积 5 亩，垂钓品种有鲤鱼、青鱼、草鱼、鲫鱼等；有餐饮服务餐厅 500 平方米，可同时接待 60 ~ 80 人就餐；还可提供各种等级的标准住宿，价格在 100 ~ 800 元 / 间（含 3 餐），可同时接待 60 ~ 80 人。

3

景秀农家院

出行信息

地址：蓟县下营镇桑树安村
驾车路线：津蓟高速出口往北直行至下营镇右转至向阳坡在右转 2.5 公里即到。
公交路线：蓟县火车站乘旅游专线 13 路至下营安排接站。
特色美食：生态猪肉，特色野菜、烤全羊、柴鸡蛋、柴公鸡、野兔等
开放时间：4 ~ 11 月
安全保障：派出所 022-29718070
联系方式：13702034528，13622071668；QQ：1157041255
微信号：xyptghxy

景秀农家院位于下营镇右转至向阳坡再右转 2.5 公里处，地理位置十分优越，四周被绿意浓浓的大山包围着，空气十分清新，走进景秀农家院会使游客感到十分惬意。景秀农家院可以一次性容纳 40 人入住，单间内有独立卫生间、空调、电视等，冬季有地采暖。干净整洁，被褥一客一换，餐饮独具特色，如：当地特色的生态猪肉、特色野菜、烤全羊、柴鸡蛋、柴公鸡、野兔等。景秀农家院还可以办理各景点优惠门票，如：黄崖关长城、九山顶、梨木台、中上元古界国家地质公园等。

4

泉水渔村

出行信息

地址：蓟县穿芳峪镇毛家峪村内

驾车路线：津蓟高速蓟州口下，环岛过半圈直行600米右转，入环城路约3.7公里，大十字路口，见红绿灯左转，过铁道入津围线进山约28公里，到黄崖观景区，水关后便是“泉水渔村”。

公交路线：蓟县火车站乘旅游专线13路或14路可到。

垂钓价格：15元/斤

特色美食：烤虹鳟鱼、烤全羊、生吃三文鱼、炖鱼等。

开放时间：全年开放

安全保障：派出所022—29718070，

联系方式：022—22718171，15620310102、13612065148

泉水渔村位于水关后面50米，地理位置十分优越，四周被绿意浓浓的大山包围着，空气十分清新。走进泉水渔村你会发现一个独特的景象，所有的客房都建在水面上，水面是由黄崖关长城景区周边大山中的泉水汇集成的两个大池塘，常年流水潺潺，农家院的男主人在池中放养了鲤鱼、鲫鱼、三文鱼、虹鳟鱼、鲟鱼等供游人垂钓。

泉水渔村有标准客房19间，均有独立卫生间、空调、电视、热水器等，干净整洁，被褥一客一换，同时拥有一个可容纳110人的大餐厅。餐饮独具特色，如：当地特色的炸花椒芽、香椿芽和各种现采现做的山野菜，还可自行烧烤，如烤全羊、烤玉米、烤红薯、各种烤串，到了晚上，可以燃起篝火，边喝酒边跳舞，陶醉在大自然的怀抱中。泉水渔村还可以办理各景点优惠门票，为您的旅行增添一分轻松温馨。

天津 TIANJIN

02

宝坻区

1

潮白渔村李宦庄

出行信息

地址：宝坻区黄庄镇李宦庄村。

驾车路线：天津出发，津蓟高速九园出口下右转过千米桥在潮白河左堤路 9 公里处；北京出发，京沈高速转津蓟高速宝坻南下在潮白河左堤路 18 公里处。

垂钓品种及价格：特色垂钓、稻田蟹垂钓 50 元 / 斤

餐饮人均消费：30 ~ 40 元

特色美食：全鱼宴

重点推荐：稻蟹米 4 元 / 斤、潮白河干鱼 40 元 / 斤、农家院 100 元 / 人 / 天（含三餐）

开放时间：全年开放

安全保障：园区内提供各类应急服务

联系方式：022-82579107

李宦庄村紧邻碧波荡漾的潮白新河，是宝坻区休闲农业旅游创建示范村之一，主要旅游项目有百年枣园、竞技垂钓场、特色水产观光养殖项目。

李宦庄自明朝万历年间建庄以来，一直保留种植枣树的风俗，经历近 500 年历史，村庄现保留各类枣树 800 余株。百年枣园项目依托现有枣林，开发新建占地 100 亩生态枣林，引进全国各类特色枣树，打造集生态采摘、旅游观光、餐饮住宿为一体的特色旅游项目。

依托该村 16 个鱼池，近 2000 亩养殖水面，李宦庄规划建设了京津冀地区竞赛门类最全、规模最大的竞技垂钓项目，定期组织全国性综合竞技垂钓大赛。并依托家庭农场项目，开发建设集特色养殖、科学示范、观光餐饮、会议住宿为一体的综合性旅游接待项目。

2

石辛庄村

出行信息

地址：宝坻区大口屯镇石辛庄村。

驾车路线：北京出发，走京沈高速到宝坻转入津蓟高速、到宝坻南出口下，走朝阳大道、到津围公路左转向南、到后围路左转向西、到大新路左转、到南仁孚村右转直行进入村庄；天津出发，津围公路到青龙湾左堤路向西、到庞湾扬水站、穿过青龙湾防沙林进入村庄。

特色美食：特色农家院、人民公社大食堂

餐饮人均消费：20 ~ 40 元

重点推荐：本村有万亩森林、开展休闲拓展运动、有垂钓园和自然垂钓河渠，临近村有万亩荷塘、有杨家将点将台、庆功台辽宋时期的传奇故事。

开放时间：全年开放

联系方式：村书记：13920491813，村主任：18920263116，人民公社农家院张老板：13516242020，村委会：022-20151018。

石辛庄起源于宋朝，成型于明代，乃宝坻西南边界显赫的“鸡鸣三县”之地。这里历史悠久，生态葱茏，人文底蕴深厚，因“大刀王怀女与杨六郎”的故事而闻名，依古老的青龙湾河而兴盛。春来野花开，夏季蛙声唱，中秋稻穗腾金浪，冬至织席又编筐。一年四季不同景象，老街新巷处处风光。村周边拥有十分优越的自然旅游资源，村西是青龙湾上万亩自然保护区——华北生态林，植物种类极其丰富，是一座纯天然的生态氧吧，自然条件十分优越。村北侧临近香河县刘宋镇近两年新打造的荷花塘观光旅游区，景色秀丽壮观，独具特色，吸引了许多游客的关注。

石辛庄村是宝坻区近期开发建设的休闲度假旅游村，地处大口屯镇西部、北邻河北省香河县、南与武清区隔河相望。村内耕地面积大，生态条件好，河道、水渠、坑塘等水景资源多样，林地、农田等农作物资源丰富，种类多样。村庄共建有 2 个观光垂钓池塘，水面面积 110 亩；蔬菜采摘园 75 亩，枣树林、桃树林等采摘园 360 亩；2 个观光设施农业园区总占地 300 亩，是宝坻区无公害示范区，重要的有机食品生产基地。

3
小辛码头村

出行信息

地址：宝坻区黄庄镇小辛码头村。

驾车路线：天津出发，津蓟高速九园出口下右转过千米桥在潮白河左堤路 7 公里处；北京出发，京沈高速转津蓟高速宝坻南下在潮白河左堤路 20 公里处。

垂钓品种及价格：稻田蟹 50 元 / 斤

特色美食：土窑鸡、稻草蒸鱼、野生稻田蟹

餐饮人均消费：40 元

开放时间：全年开放

联系方式：022-82579107

小辛码头村位于黄庄镇西北部，紧临潮白新河，自然环境优美，历史文化悠久，曾是北宋辽国萧太后运粮河的码头之一，距今已有千年历史。

小辛码头村先后成立了农家院协会和渔船协会，现有 26 户农家院，能同时接待 1000 名游客就餐，30 条渔船供游客体验渔事活动，并开发了以黄庄生态大米、潮白河小干鱼、芦苇画等有地区特色的旅游产品。村内主要规划为“两园一中心一水系一工程”，先后建设了水稻文化园、水生植物园、文体中心，并对环村水系进行延伸打造、建设千亩稻蟹立体养殖区，在全村建设污水处理工程。水稻文化园是和天津水稻研究所合作，种植了世界各地的 3000 多个水稻品种，集旅游观光、水稻知识科普和品种培育于一体的示范园；水生植物园种植有荷花、睡莲、香蒲和芡实等 70 多种水生植物，具有很好的观赏效果。小辛码头村自 2010 年打造农村生态游以来，先后获得了 2011 年全国文明村镇、2011 年全国生态文化村、2009 ~ 2011 年天津市文明村镇、2012 年天津市十大美丽乡村等荣誉称号。

天津 TIANJIN

03

武清区

1

湖畔骊园

出行信息

地址：武清区白古屯镇和平庄村。
驾车路线：武清区白古屯镇和平庄村村南。
垂钓品种及价格：垂钓、采摘（两个项目都是不同品种根据时价）
特色美食：各类水产品、农家饭
餐饮人均消费：40 元
开放时间：全年开放
安全保障：园区内提供各类应急服务。
联系方式：13102076666（郭会东）

湖畔骊园是以休闲垂钓、采摘、儿童生活体验、观光为一体的休闲园区，现有垂钓池 170 亩，蔬菜大棚 40 亩，果园 130 亩，栽植了 17 个品种果树 500 余株，提供垂钓、采摘、餐饮等服务，并建有占地 2000 平方米餐饮休闲区，可同时接待 200 人就餐。

2

国新水产

养殖有限公司

出行信息

地址：武清区泗村店镇后所村。
驾车路线：武清区泗村店镇后所村。
垂钓品种及价格：垂钓（不同品种，不同时间根据时价）
特色美食：大锅鱼等各种烹饪、玉米面各种美食，各种时令蔬菜美食，经济实惠。
开放时间：全年开放
联系方式：13516185869（任经理）

国新水产养殖有限公司经营水产养殖、休闲垂钓多年，以接待有关院校学习、实践、家庭休闲游览、个人垂钓为主。现有占地面积 100 亩的垂钓池，配套有垂钓台，景观亭等，周围绿化环境良好。

3

红顶合作社

出行信息

地址：武清区大王古庄镇前侯尚村凤河西侧。

特色美食：大锅炖、贴饽饽、时令蔬菜、疙瘩汤。

餐饮人均消费：25 ~ 50 元

开放时间：全年开放

安全保障：园区为封闭式，提供各类应急服务。

联系方式：13516185608 王经理

红顶合作社成立于2012年，坐落在大王古庄镇前侯尚村凤河西侧，崔大路北侧，交通便利，以休闲、垂钓、乡村游、农家餐饮为特色的园区，园区面向企业团队和亲子出游，现有池塘5个，其中2个为垂钓用坑，2个为鱼类养殖区，1个为高档鱼网箱养殖，钓位300余个，池塘建有休闲长廊，景观凉亭，休闲绿地，园区绿化28000余平米，栽植绿化景观树木2000余株。园区秉承绿色环保理念，蔬菜为自己种植的无公害蔬菜，各类家禽无饲料散养，包括柴鸡、大鹅、乌鸡、珍珠鸡等，均可以农家传统方式加工。现有农家院餐饮及配套房3000余平米，修建停车场17000平米。

游客在享受垂钓乐趣的同时，还可在室外进行无烟烧烤，绿地野餐，充分体会亲近自然的感觉。

4

丸九（天津）垂钓

有限公司

出行信息

地址：武清区大碱厂镇南辛庄村南 500 米。

公交路线：乘 3 路、2 路公交车。

垂钓品种及价格：鲫鱼、鲤鱼，竞技池 50 元 / 天；休闲池 300 元 / 天。

特色美食：农家乐、熬鱼、炖柴鸡、烧烤等。

开放时间：全年开放

联系方式：13752379955（任总经理）

丸九（天津）垂钓有限公司位于风景秀丽的北运河郊野公园，紧邻八孔闸坝，占地面积 66.35 亩，紧邻 103 国道。距离京津塘高速出口及京津塘二线高速不到 2 公里，交通十分方便，是一座具有国际高标准的淡水鱼垂钓园。垂钓园包括一个竞技区和一个休闲区，竞技池由长 109 米 ×20 米和长 109 米 ×27 米两座长方形区域组成，放养 50 克小鲫鱼、250 克大鲫鱼，以及 750 克小鲤鱼，1000 克大鲤鱼。休闲池内配有两座浮桥，浮桥上可采用段差钓法。园区总水面面积约 30 亩，能同时接待 480 人的大型竞技赛和 350 人的休闲垂钓活动。

5

中丰庄

休闲垂钓园

出行信息

地址：武清区大碱厂镇中丰庄村。
垂钓品种及价格：不同产品根据时价
特色美食：各类水产品烹饪、当地野菜团子等。
开放时间：全年开放
安全保障：园内提供各类应急服务。
联系方式：13820085988（吴经理）

中丰庄休闲垂钓园是双腾工贸集团打造的一个垂钓休闲娱乐场所，它位于风景秀丽的北运河畔，池塘浑然天成，三面环水，占地 70 亩，堤外生态林 30 亩。垂钓园绿树成荫，鸟语花香，环境优雅，紧邻 103 国道，距京津塘高速路出口及京塘二线高速不到 2 公里，交通便利。

该园以家庭游客、企事业团体和商务游客为主要目标群体，推行度假体验休闲生活。垂钓园分为一个垂钓区和一个休闲区，园区总面积 100 亩，能同时接待 600 人的大型竞技赛和 350 人的休闲垂钓活动，内设景观台、住宿与餐饮服务等设施。

天津 TIANJIN

04

北辰区

1

泉水湾

休闲度假村

出行信息

地址：北辰区西堤头镇赵庄村。

垂钓品种及价格：垂钓（不同品种根据时价）、餐饮、游泳（49 元 / 人）、温泉洗浴（49 元 / 人）。

特色美食：各类水产品烹饪、锅贴、当地野菜团子、当地特色肉丸，餐饮人均消费约 40 元。

开放时间：全天

住宿情况：提供各等级标准的住宿，可同时接待 400 人。

安全保障：园区内提供各类应急服务

联系方式：13920122290（赵经理）

泉水湾休闲度假村是农业部挂牌的全国休闲渔业示范基地，2012 年被全国休闲农业与乡村旅游星级企业评审委员会评定为三星级单位，被天津市旅游局、天津市农村工作委员会评为天津市乡村特色旅游景点。现有室内游泳健身馆一座，建筑面积 4300 平方米，可同时接待 1200 人；建有占地面积 2255 平方米的温泉休闲中心，配套设施齐全，可同时接待 300 人，提供温泉洗浴、室内高尔夫、器械健身、酒吧、茶道等服务项目；建有占地面积均为 500 平方米的管理接待中心和办公中心，配备办公、会议、培训宣传设备等；建有三层占地 1000 平方米的餐饮服务中心，可同时接待 400 人就餐。垂钓池 100 亩，配套建设了垂钓房、景观亭等；提供各等级标准的住宿，可同时接待 400 人。

天津 TIANJIN

05

宁河区

1

奥博七里庄园

出行信息

地址：宁河区七里海镇七里海大道古海岸七里海湿地公园东

驾车路线：七里海镇七里海大道古海岸七里海湿地公园东行 8 公里。

公交路线：天津与芦台互通公交车 570 路在大八亩坨站下车。

垂钓品种及价格：鱼、河蟹时价

重点推荐：采摘、餐饮、农副产品销售、拓展训练、室外婚礼。

特色美食：河蟹、大锅鱼、豆腐、烤全羊、野菜团子、手擀面。

开放时间：全年开放

联系方式：022-60762826、60762829，18602649208

奥博七里庄园是天津奥博集团斥资 3 亿元打造的具有生态园林特色的旅游度假胜地，是一个集鱼类繁殖、科普展示，以及农业观光体验、旅游休闲、生态餐饮、会议、采摘、垂钓等于一体的综合型新型农业度假庄园，被天津市休闲农业协会魅力城乡网评为天津市休闲农业示范点。现有鱼、蟹养殖水面 800 多亩，垂钓池 5 个，水果采摘占地 10 亩，生态餐饮酒店内栽种各类树木、花卉及其他植物 100 多种，可同时接待 1000 人就餐。

2

芦花香

生态园

出行信息

地址：宁河区七里海镇镇政府南侧 50 米。

驾车路线：路线 1：北京－京津 2 线 100 公里－芦台－津宁高速－七里海出口－七里海镇政府对面 50 米处；路线 2：塘沽—汉沽—芦台高速—七里海镇政府对面 50 米处；路线 3：天津市—金钟河大街—津蓟高速—不到收费站 5 公里—右拐芦台方向—津宁高速—七里海出口—七里海镇政府对面 50 米处。

公交路线：天津站乘坐 570 路公交车在七里海镇下车即到。

垂钓品种及价格：按斤数计算

特色美食：农家大锅炖鱼头（拿过七里海金奖）、河蟹手擀面（店内特色面拿过金奖）、河蟹（本地正宗七里海河蟹）及各种农家美食。

餐饮人均消费：不足百元即可品尝农家各种美食。

在建独立客房 50 间预计年后投入使用。

开放时间：全年开放

安全保障：距七里海派出所不到 300 米。

派出所电话：022-69539023，车辆维修方便距离几家七里海镇车辆维修点不足 500 米。

联系方式：022-69533166，18920963391、13602138386；

芦花香生态园毗邻国家级古海岸与湿地自然保护区，建有五个功能区：一是无公害果蔬园区；二是林下经济园区；三是休闲垂钓区；四是餐饮娱乐住宿区；五是商务会议区。

园区内有温室大棚 36 座，采用宁河县农业局和周边区县培育的无公害蔬菜、水果新品种进行栽植，供客人采摘。3 个垂钓池，面积 3000 平方米，年投养鱼、虾和七里海河蟹 4 万公斤供游客垂钓，让游客在乡间体验传统渔具带来的乐趣。

园区有树林 50 亩，林下养殖鸡、鸭、鹅、大雁等禽类 1000 余只。夏春秋季家禽以林下的青草和昆虫为食，不喂食任何饲料；客人在林下休闲之时也可以品尝农家禽类。建成了集餐饮、住宿、商务会议等为一体的家庭式酒店，经营面积逾 5500 平方米，餐厅大小豪华雅间 32 个，能同时容纳 1000 余人就餐。菜品以倡导绿色、健康饮食为理念，努力打造成健康养生型酒店，农家绿色菜品是主打品牌之一，使久居城镇的人士有回归自然感觉。

3

首旺农庄

出行信息

地址：宁河区造甲镇七里海大道湿地公园斜对面

驾车路线：津宁高速，淮淀高速口下行左转，到七里海大道再左转，直行 1.5 公里左右，对面首旺农庄即可。或走津汉公路，空港 2 号桥，下桥左转走七里海大道，到头右转 800 米左右首旺农庄即可。

特色美食：各类水产品烹饪。

开放时间：全年开放

联系方式：13821698250

首旺农庄坐落在天津市宁河区七里海国家湿地保护区对面，步行即可前往湿地公园。农庄内极具浓厚的农家氛围，是逃离城市喧嚣的好去处。农庄集垂钓、娱乐、餐饮、住宿为一体，主打的炖活鱼，纯正的野生河蟹味道鲜美、地道，颇受顾客喜爱。

4

金三角

垂钓园

出行信息

地址：宁河区大北镇

驾车路线：津宁高速芦台西下蓟运河大桥北1公里即到。

公交路线：乘天津—芦台的570路李台村下北1公里。

垂钓品种及价格：青鱼、斑点叉尾鮰、芦台大鲌鱼、无鳞镜鲤、黄金鲫、草鱼、鲫鱼、丁岁鱼等，10～18元/斤。

特色美食：各种野味、大锅鱼

餐饮人均消费：50～100元

开放时间：全年开放

安全保障：周边派出所电话 022-69549110

联系方式：022-69549230，13821865182

金三角垂钓园距七里海5公里，交通方便。垂钓园建于2000年，垂钓品种有青鱼、斑点叉尾鮰、芦台大鲌鱼、无鳞镜鲤、黄金鲫、草鱼、鲫鱼、丁鱼岁等。2015年又增加了两个来自乌兹别克斯坦的新品种——卡拉白鱼和大鳞鲃。

5

蟹源水产

养殖有限公司

出行信息

地址：宁河区七里海镇镇北移民村

垂钓品种及价格：根据时价

开放时间：全年开放

联系方式：022-69539201（王经理）

蟹源水产养殖有限公司成立于2010年，是农业部挂牌的全国休闲渔业示范基地。园区有养殖水面800亩，建有生态养殖池塘160亩，周边配建垂钓蟹屋、遮阳伞等配套设施，可以提供钓蟹服务。建有七里海河蟹科普展馆，占地面积3200平米，以图片、文字及影音等方式讲述七里海湿地资源，并配以实物或标本展示河蟹的不同生长阶段。

6

云翠水产

养殖有限公司

出行信息

地址：宁河区七里海镇任凤村
公交路线：乘 570 路公交车可到
特色美食：河蟹手擀面、野菜馅大饺子、农家菜、大雁、野鸭。
开放时间：全天开放
安全保障：七里海镇派出所：022-69539023。
联系方式：022-69626000，13902059616 杜乃合。

天津市云翠水产养殖有限公司位于七里海国家湿地保护区旁，占地面积 400 亩，是国家农业部、天津市无公害养殖基地，公司是集水产养殖、禽类养殖、垂钓、餐饮为一体的综合养殖公司，利用原生态方式在水面上养殖大雁，野鸭，在水下养殖鱼，虾，蟹，用大雁和野鸭的粪便肥水，使之生成良性的生物链，每年可供应市场大雁 3000 只、大雁蛋 60000 枚、野鸭 5000 只、野鸭蛋 100000 枚、河蟹 30000 斤、虾 20000 斤，并且加工生产出具有本地区特色的礼品，河蟹手擀面、野鸭肉馅彩色水饺、野菜馅大饺子，均为绿色、健康、可靠的食品。

7

小鹿

垂钓园

出行信息

地址：七里海国家湿地公园对面
驾车路线：七里海大道与海清路交口处（近津宁高速七里海出口）。

特色美食：大锅炖鱼
餐饮人均消费：20～30元
开放时间：全年开放

安全保障：派出所电话
022-69519071
联系方式：022-69512181

小鹿垂钓园建于1995年，已有20年的经营历史，占地面积80余亩，内有湿地各种珍禽、动物，共分四大区域，集钓蟹、钓鱼、观赏、农家院、休闲娱乐为一体。

七里海的河蟹，学名中华绒螯蟹，它与银鱼、芦苇草，并成为七里海三宝。七里海河蟹因其柔嫩，膏红，味鲜而名扬四海。早在清朝时就是宫廷贡品，受到皇帝青睐，七里海湿地周边无污染企业，水质清澈，进而生产的河蟹、鱼虾是真正的绿色食品。

天津 TIANJIN

06

西青区

1

犇牛

垂钓园

出行信息

地址：西青区大寺镇

垂钓品种及价格：鲤鱼、鲫鱼、草鱼、鲇鱼、武昌鱼等，价格随季节有所变化。

特色美食：食用菌、鲜奶、涮肉

联系方式：13132174710

犇牛垂钓园是天津市凯润淡水养殖有限公司旗下的园区。凯润公司位于西青区大寺镇，是市级农业产业化重点龙头企业。公司现有无公害淡水养殖水面 2485 亩，奶牛存栏 820 头，年产各种优质无公害鱼虾 3000 吨，牛奶 2490 吨，繁育鱼虾苗种 6.5 亿尾。奶牛养殖小区被市政府认定为市级无公害牛奶生产基地，公司水产养殖基地获国家级无公害产品认证和市级产地认证。

犇牛垂钓园位于凯润淡水养殖公司西北，园区有池塘三个，内现有养殖品种为鲤鱼、鲫鱼、草鱼、鲇鱼、武昌鱼等品种可供观赏垂钓，园区拥有温室大棚 200 余个，可提供无公害绿色蔬菜、食用菌的采摘，同时可提供菜地租赁服务，园区还拥有五谷石磨房，可供游客食用、品尝、购买，奶吧餐厅可提供游客品尝新鲜的巴氏奶、各种口味的酸奶、咖啡等饮品。烧烤及餐饮区可提供 300 余人同时烧烤或涮锅。

2

观澜湖

旅游度假村有限公司

出行信息

地址：西青区鸭淀水库

公交路线：天津161路公交车可到。

垂钓品种及价格：翘嘴红鲌、南美白对虾、蟹等。

特色美食：大锅炖鱼、特色烧烤

开放时间：全年开放

天津市观澜湖旅游度假村有限公司成立于2013年，前身为鸭淀水库管理处所属水产养殖场。现拥有养殖水面12000亩（其中养殖池塘1000亩，水库面积11000亩），已建设完成了4个占地面积10亩的湖心岛。

经过多年的发展，水库开展休闲垂钓等多种经营，目前，水库野钓和池塘垂钓已经粗具规模，水库特色垂钓包括翘嘴红鲌、南美白对虾、蟹等。观澜湖集休闲垂钓，观光渔业，渔家乐服务于一体，充分利用了农村的生态环境，农业资源，农民劳动生活场景，举办生态农业休闲观光旅游活动，是领略独具特色的乡间风情的好去处。

3

金三农

农业科技开发有限公司

出行信息

地址：西青区大寺镇青泊洼劳教所西凯润园区。

驾车路线：自驾经淄公路青泊洼西200米。

公交路线：乘161路公交车、在青泊洼下车，往西200米处。

垂钓品种：青草鲢鳙、鲫鱼、蟹甲鱼等

重点推荐：休闲垂钓、烧烤码头；鲜品奶吧；房车住宿；犊牛岛亲子体验

特色美食：炖大鹅、大锅炖鱼

餐饮人均消费：50元左右

开放时间：全年开放

联系方式：022-23960816、23960816；

邮箱：runqi123@sina.com

金三农农业科技开发有限公司成立于2007年，经营范围为食用菌及蔬菜种植、水产苗种繁育、奶牛及肉牛饲养、淡水养殖、农业技术咨询服务等，连续几年被评为天津市农业产业化经营市级龙头企业。公司建有"万头精品牛畜牧园"、"生态水产及苗种养殖园"、"优质食用菌种植园"、"绿色名特优果蔬种植园"四大农业生产园区，与农业休闲旅游有机结合，兼休闲垂钓、果蔬采摘、自助烧烤、亲子体验犊牛岛、房车住宿、鲜品奶吧、水上乐园等多种休闲活动为一体的旅游产业模式。生态水产苗种养殖园占地3200亩，园内饲养的水产品除青草鲢鳙、鲫鱼、蟹、甲鱼等经济水产品，还有乌克兰鳞鲤、中科三号鲫鱼、奥里亚罗非鱼、台湾大泥鳅、松江四腮鲈鱼、南美白对虾等各地区特种优质鱼类。园区建有市级水产品良种场繁育基地一座、现代化封闭循环水产养殖车间一座，专门用于优质水产品种的孵化育苗、保种及饲养。此外，养殖园内还配合生态旅游的理念，让人们在了解农业科技、欣赏农业风光的同时，可以放松心情，亲水游玩，实际地体验休闲农业带来的乐趣。

4

水高庄园

休闲渔业园区

出行信息

地址：西青区辛口镇水高庄村东淀子牙河西侧

驾车路线：104 国道转津静复线

公交路线：杨柳青车站乘 163 路公交车到水高庄下。

垂钓品种及价格：15 元 / 斤（鲤鱼、鲫鱼）

特色美食：农家特色饮食，大锅熬鱼

餐饮人均消费：80 元

开放时间：全年开放，8:00 ~ 17:00

安全保障：派出所 022-27991943

联系方式：022-23847888，13174859150。

水高庄园休闲渔业园区建于 2009 年 4 月，距天津市中心区仅 8 公里，距滨海国际机场 36 公里，距北京 120 公里，地理位置优越，交通便利。

庄园占地 1500 亩，包括：农业风情园区、子牙河风情园区、温室区、温泉区和欢乐谷采摘园区。庄园以生态农业景观为内涵，是集观光旅游、现代农业示范、科普教育、住宿餐饮、商务会议、休闲娱乐于一体的综合性田园生态旅游景区，也是学习农耕文化、游览田园风光、体验农家生活的理想休闲场所。2014 年被命名为国家 AAAA 级旅游景区和全国休闲农业与乡村旅游示范点。

鱼乐园区作为景区重要组成部分，总占地面积 140 亩，其中养殖水面 100 亩，主要包括娱乐会所、垂钓区、渔业休闲体验区、鱼文化展示与科普区、水车园等功能区，为垂钓爱好者提供了良好的游玩环境。

5

畜牧水产中心

试验示范基地

出行信息

地址：西青区津静公路天华桥。

乘车路线：乘 712 路、175 路公交车可到

垂钓品种及价格：鲤鱼、鲫鱼、草鱼等，不同品种不同时节价格不同。

开放时间：全年开放

联系方式：022-27392981 樊振中

畜牧水产中心水产养殖试验示范基地始建于 1986 年，坐落在津静公路南侧，拥有集中连片的养殖池塘 12 个，养殖水面 260 亩，拥有乌克兰鳞鲤、异育银鲫“中科 3 号”、“浦江一号”、长丰鲢、抗病草鱼、福瑞鲤、红镜鲤、芙蓉鲤鲫、斑点叉尾鮰等十几个新品种，环境优美，设施齐全。可集观赏、垂钓、食用于一体，同时基地还有大量的科普展示资料，可作为青少年普及鱼类知识的科普基地。

6

益利来

养殖有限公司

出行信息

地址：西青区西河闸北

垂钓品种：鲫鱼、鲤鱼、草鱼、南美白对虾等

重点推荐：垂钓、采摘；自行车骑行；水上划船。

特色美食：大锅炖鱼、香猪肉、特色烧烤

开放时间：全年开放

安全保障：景区提供应急服务。

联系方式：13821806663（王经理）。

益利来养殖有限公司成立于2005年，占地面积800亩，主要从事优质种猪和淡水产品养殖，是西青区重点农业生产经营企业之一，其中采摘占地50亩，有温室大棚10栋10亩，种植种类多样，包括茄子、辣椒、樱桃、番茄、草莓、西红柿等经济型农作物，特别适合游客进行休闲采摘。垂钓共有鱼池大小4个，占地100亩，有鲫鱼、鲤鱼、草鱼、南美白对虾等可供垂钓。

益顺河餐厅面积约2000平方米，包括棋牌室、会议厅等配套设施，特色农家大锅灶5个，流动大锅台5个，可同时容纳500人就餐。主要经营特色农家菜、大锅炖系列，主打特色自产香猪肉，餐厅使用的猪肉均是出自益利来专卖店，从根本保证食品原材料的安全健康。

园区还设有水上划船、自行车骑行、特色烧烤等项目，是休闲旅游的好去处。

7

精武镇观赏鱼

产业化示范园区

出行信息

地址：西青区精武镇民兴路与赛达大道交口东北角。

垂钓品种：金鱼、锦鲤、鹦鹉、地图、罗汉等

开放时间：全年开放

联系方式：13516288788 黄先生

精武镇观赏鱼产业化示范园区地处天津市西南部，独流碱河以北，距中心城区 12 公里，紧邻津文公路、干校路，将建设观赏鱼养殖温室 240 个，标准养殖池塘 2240 亩，分为核心区和生产区两个功能区，用 3 年时间完成总体建设。

园区内现有养殖品种为金鱼、锦鲤、鹦鹉、地图、罗汉、黄冠、招财、孔雀、多种燕鱼等四十余个品种，存池 400 万尾。近年来，从日本引入红白、大正三色、昭和三色等高品质鱼种作为亲鱼进行培养及繁育，同时引进秋翠、黄金、落叶、孔雀、白写等品种进行养殖；从台湾、海南等地引进优良鹦鹉品种；从福州引进金鱼品种兰寿、黄冠珍珠等。现已形成以锦鲤、鹦鹉、地图为优势品种的养殖园区。

精武镇观赏鱼产业化示范园区观光渔业、休闲渔业为一体的示范园区，充分利用了农业的生态环境，农业资源，农民劳动生活场景，是观赏鱼爱好者参观游玩的绝佳地点。

8

郊野公园

出行信息

地址：西青区赛达大道与团泊大道交口附近。

重点推荐：垂钓、采摘

特色美食：大锅炖肉、烧烤

开放时间：全年开放

安全保障：景区提供应急服务。

联系方式：15002209907 孙国栋

西青郊野公园位于天津市西南部，东至大沽排河，西至团泊快速路，南至独流减河，北至荣华道，规划总面积 35.8 平方公里，其中水域面积占 24%。整个公园形成了“两湖、四岛、一环”的水生态体系，给人以浮光耀金、小溪叠水的水韵景致。同时，公园内还建设了农业区、生态养殖区、优质农产品种植区、优质水稻种植区、莲藕种植区、葵花种植区、香草种植区等，游客可以在这里充分享受到农耕文化，采摘优质有机农产品，体验现代农业生产。人们可以到这里垂钓、烧烤、玩野趣，还可以过渔家生活。西青郊野公园内建有农业区、生态养殖区、优质农产品种植区、优质水稻种植区、莲藕种植区、葵花种植区、香草种植区等，市民在这里可充分享受到农耕文化。

天津 TIANJIN

07

东丽区

1

滨海无瑕

农业生态设施有限公司

出行信息

地址：津塘公路大无缝桥西侧 200 米
公交路线：乘 185 路、835 路、680 路、503 路公交车津塘公路官房站下
重点推荐：生态餐厅、蔬菜水果采摘、红酒葡萄干加工、鱼和螃蟹垂钓

特色美食：无瑕大丰收、熏排骨、爆炒有机菜花、无瑕小虾饼
餐饮人均消费 :50 元
开放时间：全年开放，8:00 ~ 17:00
安全保障：无瑕街派出所：022-84365600、24360983；车辆维修 15902240055
联系方式：022-24359990。13512923888

无瑕生态园坐落于天津中心城市与滨海新区之间的黄金走廊，始建于2010 年 6 月，占地面积 380 亩，建有 3 栋智能温室：包括生态餐厅、花卉展厅和传统农耕情趣文化展馆。50 栋二代日光温室主要种植无公害蔬菜（其中包括各种叶菜和果菜。叶菜主要有韭菜、小白菜、大白菜、菠菜、红薯苗、香椿苗、豆苗等；果菜有西红柿、大黄瓜、荷兰瓜、花菜、彩椒、洋白菜等）、特质瓜果（牛奶西瓜、牛奶草莓、火龙果、富硒葡萄津香玉等）。8 栋钢骨架塑料大棚主要种植玫瑰香葡萄，还有连片荷花池观赏池。室内外垂钓区则利用地热水喂养了多种鱼类，一年四季都可垂钓，是广大垂钓爱好者的首选之地。以及冷藏、冷冻、包装等配套设施，集蔬菜果品生产、采摘、储存、加工、休闲于一体。一方面供应市民的无公害蔬菜，一方面满足游人的休闲娱乐。园区内蔬菜满园、果品飘香、繁花似锦、四季如歌，2011 年被评为市级“放心菜生产基地”，先后被授予“2012—2014 年区级诚信示范企业”、“天津市乡村旅游示范点”等，并被东丽教育局列为“中小学生教育实践培训基地”。

2

稼禾果蔬

种植专业合作社

出行信息

地址：东丽区新立街赵北村。
驾车路线：天津外环东路—先锋东路（东丽区）—小赵公路—赵北村。

公交路线：公交 750 路、719 路均可到
人均消费：100 ~ 200 元
特色美食：赵北扣肉、特色炖鱼

开放时间：全年开放
联系方式：13102196356 陈社长

东丽区稼禾果蔬种植专业合作社成立于 2015 年 1 月，目前已实际整合投资农业用地 150 余亩，鱼塘 100 余亩，并配套建设暖棚、冷棚、灌溉机井、净化水处理设备等农业基础设施。

合作社是以种植保健果蔬农产品和水产养殖为主要经营方向的农业专业合作社，种植秋葵、西红柿、生菜等特色蔬菜 100 亩，优质蓝莓 20 亩，水产养殖观赏鱼 50 亩，可为广大市民提供一个优质的采摘、垂钓园区，是休闲放松的理想之地。

这里交通便利，环境优雅，空气清新。合作社现有特色农家饭菜、自助采摘、自助烧烤、垂钓、棋牌、农耕体验等项目，还设有有机蔬菜种植、野生养殖等项目。

3

聚缘垂钓

出行信息

地址：东丽区外环线货运机场

驾车路线：自驾可走外环线。

特色美食：烧烤、大锅炖鱼

开放时间：全年开放，8:30 ~ 16:30

联系方式：13802156398

天津市聚缘垂钓以钓鱼爱好者为主，以家庭游客、企事业团队和个人游客为主要目标，推行度假体验休闲生活，促进渔业与其他产业的融合发展，努力建成复合型休闲渔业旅游目的地。经营项目包括：垂钓无公害水产品，可将钓到的各种类鱼现场烧烤，参观无公害种植、采摘，参观清水平台、水上房子。

4

华泰兰园

种养殖专业合作社

出行信息

地址：东丽区津北公路 9669 号
驾车路线：自驾可走津滨高速或津北公路（合作社就在津北公路南侧路边）。

公交路线：地铁 9 号线军粮城站
休闲项目及价格：垂钓（不同品种根据时价），参观门票 50 元 / 人。

开放时间：全年开放，8:30 ~ 16:30
联系方式：022-84870862、84980946

华泰兰园种养殖专业合作社是天津市乡村旅游景点，2015 年被天津市旅游局、天津市农村工作委员会评为天津市乡村特色旅游景点。主要经营项目：垂钓无公害水产品、可将钓到的各种类鱼现场烧烤；参观观赏鱼养殖车间；灿光特种鱼养殖车间；参观世界著名花卉——蝴蝶兰花从瓶苗到开花的各阶段苗的生长过程可购买花卉；参观各种叶类植物生产车间、可购买各类绿植；参观无公害种植、采摘；参观热带果树种植、果实采摘。

5

振刚

垂钓园

出行信息

地址：东丽区外环线货运机场路
驾车路线：自驾可走津滨大道、卫国道、成林道到外环线货运机场路振刚垂钓园。

特色美食：柴锅熬鱼
开放时间：全年开放，6:00 ~ 19:00
联系方式：13920016538

振刚垂钓园主要经营垂钓品种有鲫鱼、罗非、青鱼、草鱼、太湖白鱼等。特色美食有柴锅熬鱼。

天津 TIANJIN

08

滨海新区

1
金湾
农业科技产业园

出行信息

地址：天津滨海新区汉沽街小马杓沽村
驾车路线：天津外环线卫国道—津汉公路—汉沽小马杓沽村—金湾农业科技产业园。
联系方式：13920270278、13512892450

滨海新区金湾农业科技产业园常年为天津、北京市场提供“大田”牌无公害蔬菜等农副产品，蔬菜年上市量达12000余吨，其以蔬菜果品设施生产为依托，充分融入旅游要素，打造集吃农家饭、住农家院、采摘垂钓、水上娱乐、生产展示、租种菜地、农业科普、实践基地等为一体的农业观光、乡村旅游项目。

2
大渔头
度假村

出行信息

地址：滨海新区汉沽茶淀镇宝田村。
驾车路线：天津外环线卫国道—津汉公路—津汉改线路—汉沽茶淀镇宝田村—大渔头度假村。
垂钓品种及价格：垂钓200元/人
联系方式：13022215761

大渔头度假村位于汉沽茶淀镇宝田村，是以自养和出口彭泽鲫鱼为原料，铸造无公害鱼宴品牌的市级特色乡村旅游点，集休闲度假、垂钓鱼蟹、采摘葡萄、食宿农家、品鱼宴、水上游乐、中小型会务于一体，形成特色突出的渔业休闲度假旅游产品。人工养殖大鲵不仅有其较高的经济价值，同时具有特有的观赏价值，使人们了解大鲵（娃娃鱼）的由来，一方面拓宽了游客的知识面，另一方面对大鲵繁殖及销售起到了一定的宣传作用，还可以品尝“鲵宴”等系列菜。

3

督军园中园

出行信息

地址：滨海新区汉沽茶淀镇孟圈村。

驾车路线：天津外环线卫国道—津汉公路—津汉改线路—汉沽茶淀镇孟圈村—督军园中园。

休闲项目及价格：食宿 100 元 / 人 / 天；垂钓时价；采摘时价。

联系方式：13752171706

督军园中园坐落在茶淀葡萄科技园区以西、津宁高速出口以北，占地 150 亩，是全国休闲农业与乡村旅游四星级企业（园区），集观赏、采摘、垂钓、休闲、餐饮为一体的休闲度假区。农家院占地面积 1500 平方米，葡萄长廊 500 延长米，蔬菜长廊 200 延长米，二代日光温室 8 座，占地 5340 平方米，大小停车场 4 个，2000 平方米。葡萄采摘园粗具规模，由原来葡萄上市 1 个多月时间，延长为 6 个月，游客可直接在园区采摘葡萄、草莓等各种绿色蔬菜瓜果。鱼池 110 亩，建成休闲垂钓平台 10 座，为游客提供了良好的休闲垂钓空间。这里夏季鲜花绿草、瓜菜飘香、小桥流水、池边垂钓、踏水摸鱼，让您远离都市的喧嚣；冬季这里仍然是春的海洋，鸟鸣绿荫、鱼戏池塘，使游客在这里可领略安静闲适的田园风光。

4

立信水产

休闲垂钓园

出行信息

地址：滨海新区汉沽杨家泊镇李自沽村北

驾车路线：天津外环线卫国道—津汉公路—津汉改线路—大丰路—汉榆路—芦堂线—立信水产。

垂钓品种及价格：垂钓海鲇鱼 25 元 / 斤

联系方式：13820328689

垂钓园总占地面积 60 亩，现有工厂化鱼虾育苗面积 5000 平方米，工厂化鱼类养殖面积 2 万余平方米，40℃以上地热井 1 眼，15℃ ~ 16℃淡水机井 2 眼，配套设施齐全，现有工程师 2 名，长期驻场从事鱼类苗种繁育及工厂化成鱼养殖工作。垂钓园内的垂钓池放养着海鲇鱼，为方便垂钓爱好者，还配备了渔杆、座椅、遮阳伞等。

5

陆强

休闲农家院

出行信息

地址：滨海新区汉沽杨家泊镇萝卜坨村西

驾车路线：天津外环线卫国道—津汉公路—津汉改线路—大丰路—汉榆路—陆强农家院。

垂钓品种及价格：15 元 / 斤

联系方式：18920107838

陆强休闲农家院是以湿地观光为主要特色的市级典型乡村旅游点。农家小院临水而建，湿地观白鸟戏水、划船垂钓，美景如诗如画，具有北方“小江南”之称。景点集住农家院、吃农家饭、四季采摘果蔬、湿地观光、农家体验于一体，深受广大游客青睐。陆强休闲农家院先后于 2009 年被评为天津市乡村旅游特色点、2011 年被评为天津市乡村典型旅游特色点、2011 年被评为天津市科技型小企、2012 年被评为全国 4 星级农家院、2012 年被评为全国乡村旅游示范点。

6

诺恩渔业

生态园

出行信息

地址：塘沽区海滨大道 17107 号（老海滨浴场南侧）

驾车路线：从北京出发：京津塘高速 1 线 /2 线（延长线）—海滨大道—过海河大桥—下桥后 18 公里轻纺出口 100 米桥下左转即到（或导航诺恩宾馆即可）。

从天津出发：路线 1：—从市区可以沿解放南路—沿津港公路到头—左拐大港南环路—继续行 12 公里到海滨大道—桥下转盘左拐塘沽方向行 80 米即到。

路线 2：沿市区洞庭路直行到津港高速—出高速到大港学院路—左拐到大港东环路（也叫轻纺大道）—右拐到大港南环路口—左拐直行到海滨大道—桥下左拐 100 米即到。

路线 3：可沿卫津南路到荣乌高速—向塘沽方向进入津晋高速—一直走到头出塘沽出口—继续直行（半路不要走去塘沽的岔口）到海滨大道立交桥—右拐大港方向—直行约 8 公里—轻纺出口 100 米桥下左转即到。

公交路线：滨海国际机场—乘坐机场滨海新区专线至外滩公园新华路站，步行至外滩公园上海道站（300 米），换乘赶海拾贝景区专线直达园区；塘沽火车站—乘 102 路公交车至塘沽外滩公园上海道站，换乘韩海拾贝景区专线直达园区；塘沽高铁站—乘 124 路公交车至塘沽外滩公园上海道站，换乘韩海拾贝景区专线直达园区。

休闲项目及价格：赶海拾贝（10 元）；深海温泉（88 元内含特色鱼疗 20 元 / 位、蹦床 10 元 / 次、儿童摇船 10 元 / 次）；康体娱乐（乒乓球 20 元 / 时、台球 30 元 / 时、沙狐球 40 元 / 时、棋牌室 120 元 /3 小时、KTV 120 元 / 时、多功能演艺厅 3000 元 /4 小时）；海珍品养殖—海鱼垂钓单价：金头鲷 30 元 / 斤、牙鲆鱼 25 元 / 斤、条石鲷 40 元 / 斤、美国红 25 元 / 斤、鲈板鱼 30 元 / 斤。

特色美食：侉炖三文鱼、蛤子煨白菜、姜葱炒海蟹、家熬鲈板鱼、北塘一锅出、农家一锅炖、咸鱼卷子、啤酒炖肉。

餐饮人均消费：45 元

开放时间：全年开放，8:00 ~ 22:30

安全保障：022-25319466（高沙岭派所）

联系方式：022-25319386

诺恩渔业生态园是由天津市诺恩水产技术发展有限公司投资建设，地处国家重点开发区域——天津滨海新区海滨高速旁（老海滨浴场南侧），依海而建，园区占地 5 万平方米，是集旅游景区、餐饮、娱乐、深海温泉、会议接待、海珍品苗种繁育、海洋科普为一体。生态园内的赶海拾贝景区是天津仅有的原生态景区，是滨海新区唯一未被开发的原始滩涂，景色秀丽，气候宜人，是滨海新区旅游业的生力军。海德怡温泉是滨海新区首家按照四星级标准建造的大型室内深海温泉，水域面积 6000 平方米，各种功能池 20 余个，温泉水取自 1860 米深海地热带，水质清澈透明，无色无味，酸碱度 7.4 属弱碱性，泉水中含有钾、钠、铵、钙、硫、镁等矿物质和一定数量的氡和镭等有益人身体的物质。

7

晟淼

休闲垂钓园

出行信息

地址：滨海新区汉沽杨家泊镇李自沽村北
驾车路线：天津外环线卫国道—津汉公路—津汉改线路—大丰路—汉榆路—芦堂线—晟淼水产。
垂钓品种及价格：海鲇鱼 25 元 / 斤
联系方式：13902191019

晟淼休闲垂钓园紧靠沿海路，总占地面积 80 亩，现拥有育苗水体 6000 平方米，设施化养殖面积 26000 平方米，垂钓园内的垂钓池放养着海鲇鱼，为方便垂钓爱好者，还配备了渔杆、座椅、遮阳伞。

8

汉沽丰利源

休闲农家院

出行信息

地址：滨海新区汉沽茶淀镇宝田村
驾车路线：天津外环线卫国道—津汉公路—津汉改线路—汉沽茶淀镇宝田村—汉沽利丰源休闲农家院。
垂钓品种价格：河蟹、鲤鱼、草鱼、鲢鱼等，15 元 / 斤
联系方式：13920287798

汉沽丰利源休闲农家院紧邻津汉改线路，占地 240 多亩，分为垂钓区、养殖区、采摘区和餐饮区。其中，垂钓区内的垂钓池放养着河蟹、鲤鱼、草鱼、鲢鱼等品种，为方便垂钓爱好者，还配备了渔杆、座椅、遮阳伞；养殖区内饲养着孔雀、鸵鸟、贵妃鸡、珍珠鸡、七彩山鸡、大雁、野鸭等动物，游客可近距离观看孔雀开屏、鸵鸟赛跑、野鸭戏水、山鸡相斗，还可以喂养，与动物照相;采摘区占地 180 亩，辐射 500 多亩，有新鲜的玫瑰香葡萄、青玉米供游人采摘；餐饮区建有可同时供 100 人就餐的餐厅，吃农家饭、品尝野味。整个农家院让游客体验葡萄、玉米的种植，鱼、蟹、鸡、孔雀等水产品和畜产品的养殖，生产绿色食品供游客品尝与携带，是市民度假旅游的又一好去处。

9

滨城龙达

集团有限公司

出行信息

地址：滨海新区塘沽新城镇天津大道28公里处

驾车路线：路线1：塘沽方向：过海门大桥，河南路转天津大道，见港塘公路立交桥右行上桥盘下转去塘沽方向，前行1公里，路右侧见“龙达农业公园”标识右转即可。行程约20分钟。

路线2：天津方向：路线：天津大道行驶至28公里即到。行程约30～40分钟。

路线3：北京方向：京津高速公路－京沪高速公路－京津塘高速公路行驶46.8公里，从蓟县/金钟河大街/S1出口离开进入金钟路高架桥，继续沿金钟路高架桥行驶640米，直行进入金钟桥，朝成林道/津昆桥方向，进入大沽南路行驶4.6公里，直行进入天津大道行驶至天津大道28公里。全程约2小时。

公交路线：公交941路可到

休闲项目及价格：映月湖景区游览、休闲垂钓、水上游艇、划艇、水上自行车、锦鲤观赏、滑草滑雪等。

特色美食：农家菜、大沽海鲜

餐饮人均消费：50元

开放时间：全年开放

联系方式：022-6668000、25333333-826

天津滨城龙达集团有限公司（龙达农业公园）成立于2006年9月，集农业科研、生产、加工、展示、休闲旅游于一体，休闲渔业游玩特色活动有映月湖景区游览、休闲垂钓、水上游艇、划艇、水上自行车、锦鲤观赏、滑草滑雪等；同时公司还有特色温泉，内有健康养生泡池、温泉理疗池、儿童成人戏水池、造浪池、游泳池等；公司的幻城仙境和四季农夫乐园项目2014年12月投入运营，幻城仙境巧妙运用园区得天独厚的地热资源，缔造了北方四季恒温多种气候的生态绿色梦幻奇观，四季农夫乐园则将古代农业文明与现代农业集中展示，浓缩五千年的农业文明于2万平方米之间，称为北方农业乐园奇迹。公司还有500余亩的无公害蔬菜生产基地，在这里可以体验农事劳作的乐趣，享受无公害蔬菜瓜果采摘的完美体验，品尝优质安全蔬果的美味。同时，公司还根据需要，举办圣诞狂欢夜活动、年宵花展活动、亲子活动、元宵观花灯活动、大沽海鲜节等活动。

公司周边旅游景点众多，距离天津海昌极地海洋世界11.6公里，塘沽外滩公园13.9公里，大沽口炮台遗址15.2公里，洋货市场13.8公里，可以与周边景点形成很好的互动经营。

10

华大绿色食品

有限公司

出行信息

地址：滨海新区胡家园街于庄子路5320号

驾车路线：自长深高速中心桥收费口下，沿海兴路走2公里转于庄子路右走2公里即可达到

休闲项目及价格：农家乐，588元/天

联系方式：022-66531085

华大绿色食品有限公司是专门生产、加工、销售各种食用菌、无公害蔬菜的企业。公司成立于2000年，现已是天津市重要的食用菌、蔬菜生产及加工基地。华大公司为中国食用菌协会理事单位，多次承担国家星火项目和重大科技攻关项目，是国家农业综合开发项目，被授予“天津市农业产业化经营市级重点龙头企业”、“全国百诚百佳首批试点单位”等诸多荣誉称号，“津华大”牌系列产品被评为“天津市农业名牌产品”、“国家无公害农业产品”、“天津市金农奖”、“天津市著名商标”。

华大公司把当地历史文化、生态文化、农业文化、乡村文化与开发开放的理念有机结合，吸引各地知名书画家、民俗文化传人等来平台交流、学习，共同完成民俗文化、生态文化的挖掘与传承、民间艺术文化保护。并进行无公害蔬菜、食用菌销售，现代农业生产技术展示等。

11

万凤园

农庄合作社

出行信息

地址：滨海新区汉沽街大王圈村南。

驾车路线：天津外环线津汉桥走 S103（津汉公路）—清河农场—津汉改线 61 公里处—大田镇大王圈村南 400 米。

休闲项目及价格：垂钓淡水鱼 15 元 / 斤；采摘草莓、火龙果。

住宿情况：150 元 / 人 / 天（含三餐）

联系方式：13820307201；15302039239

万凤园农庄坐落于“中国玫瑰香之乡”，占地 100 亩，周边有金湾绿色蔬菜种植基地、孟庄园葡萄酒庄园、滨海鲤鱼门、滨海航母主题公园等著名景点。其带头组成的农业合作社组织，是以农业为基础，农旅结合，以农促旅，以旅强农的企业，是一家以生态及食品安全为理念，用原生态的方式种植农产品，并使之成为高端的旅游商品的涉农企业。

垂钓总占地面积 20 亩。垂钓池放养着各种淡水鱼，为方便垂钓爱好者，还配备了渔杆、座椅、遮阳伞。万凤园农庄还利用林业资源，搞林下经济，现以形成林下养鸡，鸡粪用于有机葡萄种植、人工蚯蚓养鸡、亚洲飞蝗养鸡等模式，延长了生物链，利用池塘敲桶喂鱼搞钓鱼比赛，用农家院招待客人食宿，用弓箭进行狩猎活动，看斗鸡表演，形成了不同层次的旅游产品。

12

玉清水产

科技发展有限公司

出行信息

地址：天津大港海景大道东侧

驾车路线：世纪大道与海景大道交口向北行驶 1000 米即到。

乘车路线：524 路公交车到门口

休闲项目及价格：垂钓按斤收费

特色美食：美国加州鲈鱼、盐汪子虾

开放时间：全天

安全保障：门口向西 1000 米派出所，街道电话 022-60907145，车辆维修电话 13902066860。

联系方式：13672086876；QQ：530289649。

玉清水产科技发展有限公司是海珍品示范养殖基地，主营海水养殖、育苗、垂钓、休闲娱乐，每年配合国家政策完成渔业水产养殖及节能环保养殖的科技项目数项。现拥有设施养殖车间 5 栋、50 吨冷库 2 座、配套池塘 8.5 公顷，还在进一步完善设施垂钓、增添娱乐项目、开发餐饮住宿等。园内停车场 1000 平方米。

天津 TIANJIN
09
静海区

1

大财运淡水鱼

养殖专业合作社

出行信息

地址：静海区良王庄乡罗阁庄村东 1 公里
驾车路线：津霸线—徐良路前行 2 公里东侧多兴庄园内

休闲项目及价格：垂钓 80 元 / 斤；采摘 80 元 / 斤；农家饭（非加工）人均 88 元
开放时间：全年开放

联系方式：4008936369

大财运淡水鱼养殖专业合作社位于天津市静海区良王庄乡良一、良二、良三等三个村的杨庄窠洼地区，占地面积 1514 亩，养殖面积 1300 亩，共有 14 个池塘，单池面积在 60 ~ 80 亩；主要养殖鲤鱼、鲫鱼、白鲢、草鱼、南美白对虾等品种，养殖模式主要是鱼虾套养。合作社具有水域滩涂养殖证，2010 年获得无公害水产品基地认定证书，2012 年获得鲤鱼、鲫鱼、南美白对虾无公害水产品认证证书。2010 年获得“大财运”商标。2013 年获得“农业部健康养殖示范场”称号。

在健康养殖的基础上，大财运与都市田园展开合作。形成了集垂钓、采摘、农家饭的特色旅游休闲项目。阳光煦煦的午后，钓上一尾肥美的鲤鱼，捞上几只南美白对虾，采摘一点时令的果蔬，交予厨房，经过特色农家的烹饪后，一桌集健康、美味和亲手收获快乐的美食将呈现在面前，这就是大财运特色游能带给您的享受，是您在繁忙的都市喧嚣生活后，带着家人或三五知己，寻找宁静和感受幸福的理想之地。

2

生宝

垂钓园

出行信息

地址：**静海区徐庄子村北**

垂钓品种及价格：**鲤鱼、鲫鱼 300 元 / 人 / 天**

特色美食：**大锅炖鱼，人均 70 元。**

开放时间：**全年开放**

安全保障：**园区内提供各类应急服务**

联系方式：**13820880076**

生宝垂钓园面积共有 70 亩左右，年接待能力 1 万人次，每天可提供就餐 100 人次，该垂钓园投放鲤鱼、鲫鱼 3000 斤左右，个大好钓，绝对是娱乐的好去处。

3

团泊湖

观赏鱼养殖合作社

出行信息

地址：静海区团泊镇团泊村

特色美食：各类水产品烹饪、锅贴、当地野菜团子、当地特色肉丸，大锅炖鱼

餐饮人均消费：70 元

开放时间：全年开放

联系方式：15822104366 程志虎

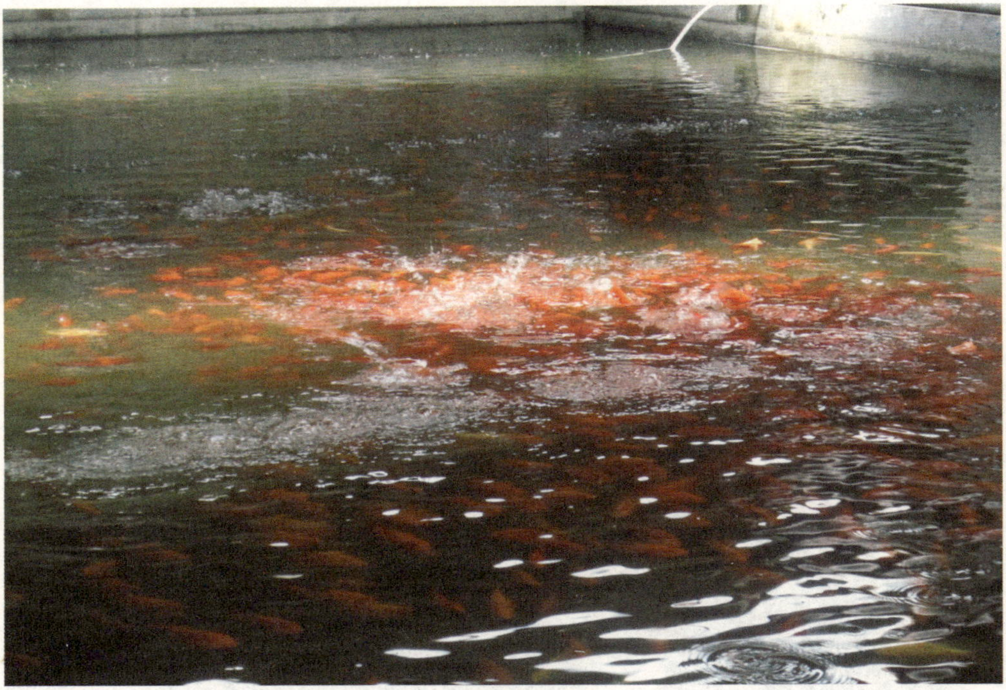

团泊湖观赏鱼养殖合作社面积共 9 亩，主养鹦鹉、银龙、清道夫，每天可接待游客 200 人，就餐规模 300 人次，会议室可容纳 100 人。

4

团泊水库管理处

垂钓园

出行信息

地址：静海区团泊水库管理处

垂钓品种及价格：鲤鱼、花鲢、白鲢、草鱼、鲈鱼等，10 元 / 斤；游艇 50 元 / 小时 / 人

特色美食：大锅熬鱼，各类水产品烹饪、松花、鸭蛋、各种杂粮绿色食品

餐饮人均消费：70 元

开放时间：7:00 ~ 16:00

安全保障：园区内提供各类应急服务。

联系方式：13820592375

团泊水库管理处垂钓园面积共有水面 1000 亩，有四个垂钓台，每天接待 40 人左右，该水面主要放养鲤鱼、花鲢、白鲢、草鱼、鲈鱼等多品种鱼类，不投放任何饲料，属纯野生鱼类，个大好钓，绝对是娱乐的好去处。

PART

03

河北地区

HEBEI

河北 HEBEI

01

石家庄

1

邓庄生态家园

垂钓园

出行信息

地址：鹿泉区李村镇邓庄村

驾车路线：路线1：从石家庄城区方向来：北二环、友谊北大街、西三庄街转石清路，奔平山、灵寿方向，到李村镇后，奔灵寿县方向行驶4公里即到。

路线2：走高速：沿G1811（石太高速）到石清路口或G5（京昆高速）到石家庄口出高速，沿石清路向平山、灵寿方向，到李村镇后，沿灵寿县方向4公里即到。

路线3：走高速：G5（京昆高速）从灵寿出口，沿省道L88向西，到西环路交口处转232省道向西南方向，过滹沱河大桥后，一直向南直行，即到。

公交路线：路线1：鹿泉区坐公交305路车到邓庄站下。

路线2：石家庄市区，在新百广场站坐公交322路、327路到百尺杆，换乘305路到邓庄站下车。

垂钓品种及价格：1. 路亚垂钓参考价格和垂钓规则：30元/人次；会员卡办理：100元4次；500元21次。要求垂钓上的鱼放回垂钓池塘或者买走。2. 休闲垂钓品种及参考价格：甲鱼60元/斤、草鱼10元/斤、罗非12元/斤、鲤鱼8元/斤、花鲢5元/斤、鲫鱼10元/斤、青鱼12元/斤。3. 竞技垂钓参考价格和垂钓规则：50元/人次。练杆会员卡办理：200元（3个月），不限次数，要求垂钓上的鱼放回垂钓池塘或者买走。

特色美食：甲鱼全席、铁锅炖柴鸡、柴锅灶台鱼、玉米面贴饼子、棒渣粥等农家饭菜。

重点推荐：甲鱼全席

餐饮人均消费：20～50元

住宿情况：农家小院，价格50元/人

安全保障：李村镇派出所3公里，0311-82279373

温馨提醒：鱼塘水深2～4.5米，请注意安全；垂钓园实施专业管理，能提供多种多样的垂钓服务，场内可竞技垂钓及休息垂钓；村里还有农家乐场所是个休闲度假的好去处。

联系电话：0311-82173566，18032115999

邓庄生态家园垂钓园距石家庄市区 18 公里，鹿泉区 15.5 公里，位于京赞公路西侧，交通便利。园区紧临滹沱河畔，空气清新，环境优美，邓庄村也是“全国一村一品中华鳖养殖专业村”，并于 2003 年取得无公害“双认”，获得无公害农产品认证使用标志。

邓庄生态家园垂钓园占地面积 15 万余平方米，共有 25 个池塘。现已建成路亚垂钓区、竞技垂钓区、休闲垂钓区、观赏鱼区和食用鱼养殖生产区，特色垂钓园、高产高效渔业生产基地粗具规模，环境优美、水面宽阔、设施齐全，是集垂钓、餐饮、养殖和观光为一体的综合性休闲度假村。

园区内提供当地农家饭——柴锅炖甲鱼、炖鸡；出售营养价值丰富的甲鱼、土鸡；观赏红白锦鱼、龟、泥鳅和金鱼等观赏鱼。

邓庄生态家园垂钓园还被石家庄钓鱼协会挂牌确定为竞技、休闲健身垂钓基地。

2

东方巨龟苑

垂钓园

出行信息

地址：石家庄平山县平山镇东冶村

驾车路线：路线1：京昆高速—西柏坡方向—西柏坡高速—平山出口—5公里即到

路线2：石太高速—西柏坡方向—西柏坡高速—平山出口—5公里即到

路线3：石家庄—西柏坡方向—西柏坡高速—平山出口—5公里即到

公交路线：石家庄汽车北站—平山县城—换乘出租车—东方巨龟苑

垂钓：1. 甲鱼池垂钓，甲鱼1～2斤/只，60元/斤，2斤以上/只，90元/斤；2. 天然池塘垂钓50元/日（不限品种、不称重），有野生鲤鱼、草鱼、鲫鱼、黄颡、白条等；3. 垂钓池：周五、六、日放鱼，品种以草鱼、鲤鱼为主，100元/日，周一至周四50元/日。

吃：宾馆餐厅和农家饭庄可同时容纳500人就餐，并突出两大特色：甲鱼系列：甲鱼全席，甲鱼酒、甲鱼长寿面、甲鱼馅饺子等。农家系列：锅贴饼子、野菜团子、饼折、香椿饺子、钢炉烧饼、油鬼等。甲鱼息码酵酒：国际专利珍品、健康长寿之宝、省科技成果。

餐饮人均消费：10～100元

住宿情况：巨龟苑宾馆：双标间、三人间（独卫、空调、地毯、彩电、热水），可同时容纳100人食宿。

冶河度假村：处于园林中心，这里两面环水，阡陌曲直，绿树成荫，瓜果飘香，可食宿、会议、举办篝火晚会等。

农家院、宾馆标准间，20～100元/间

娱乐项目：冶河观鸟、捉海蚌、捡奇石、采摘比赛、水上竹筏竞技等。

采摘项目：桃子、太阳杏等。

温馨提醒：景区门票为50元（通票），冶河漂流90元

联系电话：0311-80698988、89113166

网址：http://www.dfjgy.cn

QQ:850058985

邮箱：juguiyuan@126.com

由全国劳动模范范海庭在13年科学养殖甲鱼的基础上，利用当地自然历史资源投资开发，有万吨巨龟、跨世纪献礼牌楼、冶河漂流、富民海底世界、华夏历史园林、大型生态区、甲鱼养殖地、冶河度假村等构成，可漂流、采摘、垂钓、赏花、戏水……

鸳鸯湖鸳鸯岛：地处冶河湿地，为原生态天然岛屿，水面12.5万平方米，岛屿面积1.1万平方米，山水相依，野鸟成群，在此可乘船或竹筏荡漾湖面，对歌拉歌，也可登鸳鸯岛，观情侣树、进鸳鸯楼，得三世情缘，也可下棋、打牌，放松身心。

湖心湖游乐场：地处河北省重点湿地冶河湿地，为大型原生态游乐场，在此可免费参与行走水上悬浮冰、水上悬空凳、水上二人转、体验智能闯关的激情及乐趣，也可打水上篮球、水上排球、骑水上自行车等，更可在原生态的游泳场游泳洗浴，尽享清凉，累了可来个沙滩阳光浴。

欢乐岛：2010年重点打造的亲水玩水戏水项目，面积110亩，四面环水，目前已开放的主要游乐项目有：大型螺旋滑道。水上滑索，弹跳床、童年转、高空秋千、空中鸳鸯椅、空中八仙椅等项目。

冶河漂流：地处千年古河冶河湿地，冶河因韩信“背水一战”而著名，背水乃冶河之水，

河水清澈见底，百年干旱不枯，水域宽50余米，平均水深0.5米，漂流区域3000米，总落差50余米，沿途森林密布，沙滩遍野，野鸟成群，风光无限，平缓处如荡漾湖面，急流处似烈马奔腾，有“北国第一漂“之称。

冶河瀑布：北靠华夏历史生态园林、面临荷花谷，宽369米，落差28米，集奇、巨、秀、险集一身，乃北方一绝。

吉尼斯世界纪录：万吨巨龟（长39米，宽36米，高9.7米，重万吨，为喜迎香港回归而建）、跨世纪献礼牌楼（长16.2米，高13.2米，重480万斤，用一块青钢石雕刻而成，上雕刻有1999只吉祥龟，为庆祝新中国成立50周年和澳门回归所建）

大型观光采摘园：面积500余亩，由名贵花卉园、珍稀蔬菜园、农作物园、葡萄园区、红梨园区、樱桃园区、寿桃园区、冬枣区等组成，四季有花，三季有果，常年举办采摘节。

华厦历史生态园林：占地2000余亩，以千米葡萄长廊为中轴线贯穿21个华夏历史王朝及现在的新中国，用千米汉白玉历史浮雕、万行史诗及600余尊历史人物雕像立体展示中华五千年历史。

海底世界神龟府：建于太阳湖下8米处，长248米，为玻璃隧随式观光走廊，生活着海龟、玳瑁龟、鳄鱼龟、巴西龟、中华鳖等30余种龟类动物及海象、鲟鱼、帝王鲸、狗仔鲸等百余种海洋及热带珍稀鱼类，是世界上第一个由农民投资建在农村的海底世界。河水清澈见底，百年干旱不枯，水域宽50余米，平均水深0.5米，漂流区域3000米，总落差50余米，沿途森林密布，沙滩遍野，野鸟成群，风光无限，平缓处如荡漾湖面，急流处似烈马奔腾，有“北国第一漂“之称。

3

岗南渔村

垂钓园

出行信息

地址：平山县岗南镇西岗南村村南，水库二坝南侧

驾车路线：路线1：G5（京昆高速）、G1811（石太高速）转西柏坡高速，奔西柏坡方向；石家庄市区可沿二环到西北二环交口处直接上西柏坡高速，奔西柏坡方向，到温塘出口下高速，奔岗南方向，3公里即到。

路线2：207国道石闫线奔西柏坡方向直达。

住宿情况：岗南渔村可同时提供60人住宿。普通标间50元/间

特色美食：提供具有本地特色的铁锅炖柏坡湖天然纯正大鲤鱼、草鱼、胖头鱼、白鲢、嘎鱼、小白条、噘嘴儿、鲫鱼、池沼公鱼等，清蒸河蟹、软炸大银鱼、炖土鸡、炖大骨、铁锅熬小鱼贴饼子、农家大锅菜、腌肉面等农家宴。

餐饮人均消费：20～60元

垂钓品种及价格：河蟹50～100元/斤，天然垂钓30元/日；垂钓池：鲤鱼、草鱼均10元/斤。

安全保障：岗南镇派出所500米，0311-82861020

温馨提醒：鱼塘水深2～3米，请注意安全。

联系电话：15100100090

岗南渔村垂钓园，与革命圣地西柏坡隔湖相望，游艇 15 分钟便可到达西柏坡。园区距西柏坡高速温塘出口 3 公里，207 国道从旁穿过，交通十分便利。垂钓园总占地面积 1000 余亩，内设 800 亩天然垂钓场，有自然放养的河蟹，有野生草鱼、鲤鱼、鲫鱼、嘎鱼，因水质好、无污染、口味纯正而著名；人工垂钓池 4 个 20 余亩，有精心挑选的当地仿野生的大草鱼、鲤鱼、鲫鱼等供人们垂钓。

垂钓园环境优美，碧波荡漾，一簇簇的芦苇挺立水中，三五成群的白鹭、苍鹭、牛背鹭在水边湿地踱来踱去寻找食物，春有玫瑰园的玫瑰香扑面而来，秋有芦苇丛的芦花随风摇曳；周围 2 公里内有多处中华寿桃、苹果采摘园；距著名的旅游温泉景区温塘 5 公里，游钓后可享受温泉水浴乐趣，是不可多得的休闲垂钓养性之处。

4

威州冷水鱼

综合科技生态园

出行信息

地址：石家庄市井陉县威州镇坡头村村西，冶河两岸。

驾车路线：路线1：从石家庄方向来，石太高速公路井陉东出口，穿过县城威州方向，到威州坡头村路口左转去河滩；或307国道威州路口，到威州坡头村路口左转去河滩即到。

路线2：从西柏坡方向来，走西柏坡高速公路东焦出口，向南井陉方向，到威州坡头村路口右转去河滩即到。

公交路线：乘石家庄到6410兵工厂的车，下车后北行1000米到威州坡头村路口右转去河滩即到，井陉县城坐微水至孙庄车坡头村路口右转去河滩即到。

垂钓品种及价格：草鱼10～12元/斤、鲤鱼10元/斤、黄金鲫鱼10元/斤、青鱼10～12/斤、虹鳟鱼14元/斤、河鲈10元/斤

特色美食：各式特色烤鱼、炖柴鸡，柴锅灶台鱼，玉米面贴饼子、菜团子、棒渣粥、品尝有机蔬果等农家饭菜

重点推荐：特色烤鱼

餐饮人均消费：20～50元

安全保障：威州派出所1公里：0311-82350013

温馨提醒：鱼塘水深1.0～1.5米，请注意安全；垂钓园设施专业，能提供多种多样的垂钓服务，场内提供休闲垂钓，不用预订，随时欢迎光顾。

联系电话：17732182616、17732182619

威州冷水鱼综合科技生态园位于井陉县著名古镇威州，素有“北国小江南”之称，是一幅北方难得一见的江南美景，占地面积80万余平方米，共有30多家水产养殖场，1000多个池塘、流水池，十几家农家乐、渔家乐，2个有机疏果采摘园。现已建成2个休闲垂钓区和2个有机疏果采摘园，观赏鱼和食用鱼养殖生产区，特色垂钓园、高产高效冷水鱼综合生产基地，有机蔬菜、苹果、杏、桃、核桃树区种植粗具规模，成为石家庄地区环境优美、水面宽阔、设施齐全，集垂钓、餐饮、亲水游玩、养殖、采摘和冶河湿地观光为一体的综合性休闲度假、科技生态园区。

园区内提供特色烤鱼、柴锅灶台炖鱼、炖笨鸡，还能亲自烤鱼，出售营养价值丰富的鲟鱼、青海湖鳇鱼等；观赏红白锦鲤、红草鱼和金鲫等鱼。在欣赏冶河湿地风光、亲水戏水 、垂钓烧烤的同时，还能采摘农家天然无污染的绿色蔬果。

河北 HEBEI

02

保定

1

白洋淀海悦

度假村

出行信息

地址：安新县端村镇东堤村

驾车路线：大广高速或京港澳高速转津保高速容城出口下，去安新方向，白洋淀大道东杨庄路口左转 2 公里，右转 5 公里即到。

公交路线：从县城坐 1 路到终点站端村即到。

垂钓品种及价格：1. 休闲垂钓品种及价格：草鱼 15 元 / 斤、鲤鱼 15 元 / 斤、嘎鱼 28 元 / 斤、花鲢 18 元 / 斤、鲫鱼 15 元 / 斤、黑鱼 25 元 / 斤、鲇鱼 25 元 / 斤。

2. 路亚垂钓参考价格和垂钓规则：150 元 / 人。要求垂钓上来的鱼放回鱼塘。

3. 竞技垂钓参考价格和垂钓要求：40 元 / 人，不限次数。要求垂钓上来的鱼放回垂钓鱼塘。

特色美食：柴锅炖杂鱼及各种白洋淀鱼类、咸鸭蛋、炖野鸭，炖柴鸡、玉米饼子、小虾糊饼等白洋淀特色饭菜。

餐饮人均消费：50 ~ 60 元

住宿情况：31 间标准房及 1 间套房。设小型会议室、KTV、游艇、快艇、摩托艇、游泳池、棋牌室、脚踏船及农家采摘园。

温馨提醒：因四周环水，请注意安全。用餐请提前预订。码头设免费接送船。

联系电话：0312—5218888，18331266168

白洋淀海悦度假村位于华北明珠白洋淀，占地 300 余亩，共有 4 个池塘，现已建成路亚钓、竞技钓和休闲钓三个垂钓区，观赏鱼和食用鱼养殖生产区、特色垂钓园、高产高效渔业生产基地粗具规模，成为保定地区环境优美、水面辽阔、设施齐全，集垂钓、餐饮、养殖和观光为一体的综合性休闲度假、科技生态度假村。

度假村内提供当地特色农家饭：柴锅炖鱼、炖鸡及白洋淀各种特色菜。出售营养价值丰富的松花蛋、咸鸭蛋、熏鱼和白洋淀各种特产。

2

白洋淀荷花大观园

垂钓园

出行信息

地址：安新县白洋淀景区内

驾车路线：交通便利，四通八达，北、西有京石、荣乌、津保等高速相连（容城路口下，到安新白洋淀码头乘船即到）；东、南有大广高速相通（到雄县、任丘白洋淀码头乘船即到）。

公交路线：北京、天津、保定等班车直达安新、雄县县城和任丘市。

垂钓品种及价格：鲤鱼、黑鱼、鲇鱼、草鱼、鲫鱼、花鲢鱼、白鲢鱼、甲鱼、武昌鱼、黄颡等十几种鱼类。按照5～20元/斤的价格时限，根据不同鱼类确价、按斤收费。

特色美食：野鱼香餐厅位于荷花大观园民俗寨院内，既具备特有的康乾皇帝御膳全鱼宴和荷花宴，又具有白洋淀渔民传统小吃和民俗套餐。吃法上独出心裁，做法上精致考究。招牌菜既有半蒸半煮、鱼钻沙、七星伴莲、爆炒鱼泡饼、野生龙凤鸭、鸿雁炖鱼、莲蕊虾仁，又有野生鸪丁、炸水蝎、生态咸鸭蛋、姜汁松花蛋；主食既有荷叶八宝饭、鱼馅水饺，又有窝窝头、小虾糊饼、贴饼子熬小鱼。

餐饮人均消费：40～80元

住宿情况：大观园内的民俗寨，是一所水乡民俗庄园式建筑。门前的护寨河，院里的景池，旱溪流水潺潺，荷花、睡莲、游鱼相映成趣。可容纳700多人入住的306套客房分布在6个四合院和两栋芙蓉楼内。四合院外观朴素典雅，内装具有民族特色。芙蓉楼装修奢华，舒适大气。客房均设有套房、三人间、标间和单间。拥有10套豪华套房、商务套房和豪华标间的贵宾楼，更是独具特色。另有多功能厅、会议室、超市等服务设施，可为你提供全方位服务。住宿人均消费50～100元。

温馨提醒：水深2～3米，请注意安全。

安全保障：园内设有专业保安队伍。水上公安分局距离园区有20分钟的航程，0312-5117331。

联系电话：0312-5337138、5130538

白洋淀荷花大观园垂钓园位于苇绿荷红、风光秀丽的国家AAAAA级景区——白洋淀景区白洋淀荷花大观园的东南角处，占地50余亩，由三个人工小岛组成，每个小岛又由木质栈道相连接。垂钓园依山傍水，环境优雅，北靠大观园内巨型建筑鳌馆和最高点观景山，西临千亩荷塘，东、南与环园路相望。

白洋淀荷花大观园占地2000余亩，是目前中国种植荷花和水生植物面积最大、品种最多的生态景区，是“河北省名特优荷花繁育示范基地”、“省级湿地自然保护区野生动植物繁育示范基地”。2003年成功举办了“第十七届全国荷展”，2007年代表白洋淀景区顺利通过了国家AAAAA级景区的验收，现已成为以白洋淀湿地文化、民俗文化、历史文化和生态文化为基础，集旅游观光、休闲度假、会议教学、拓展训练及水上运动为一体的生态景区。全园分为6区12园36景，由72座连桥把各景点连缀在一起，形成了以盛世莲花观音塑像为主题的巨型生态园林。园区内有盛世莲花观音、金鳌馆、精品荷花园、荷花四季馆、动植物王国、观鱼湖、情趣桥、观景山、孙犁纪念馆和抗战纪念馆、荷文化展览中心、游客购物中心等景观景点。

园区建有民俗寨贵宾楼、芙蓉楼、四合院及荷园别墅，可容纳700余人同时入住，配套建有300人、150人、60人会议室。野鱼香餐厅可接待1000人同时就餐。

娱乐设施及娱乐内容包括：荷苑会馆多功能厅、生态垂钓场、嘉年华水上娱乐、沙滩戏水乐园、水上摩托艇、豪华游艇、滑索、拓展训练、观鱼港以及赛龙舟、打水仗、自驾游、篝火晚会、放河灯、燃放烟花等活动。

3

白洋淀庆洋

建国嘉乐比酒店

出行信息

地址：安新县白洋淀景区大麦淀内

行车路线：京津方向可走 G45 大广高速，至任丘鄚州出高速，然后右拐前行 3.6 公里，在鄚州镇左拐向西行 5 公里至七里庄生子码头，乘船 15 分钟抵达酒店。保定安新方向走 S235 宝新线，在东杨庄村路口处驶向端村乡大田庄码头，然后乘船 10 分钟抵达酒店。

垂钓品种及价格：白鲢鱼 8 元 / 斤、武昌鱼 10 元 / 斤、花鲢鱼 12 元 / 斤、草鱼 12 元 / 斤、鲤鱼 13 元 / 斤

餐饮人均消费：酒店餐饮菜品以淮粤小炒、保定会馆菜和保定地方鱼宴为主，餐饮人均消费 80 元起（不含酒水）。

住宿情况：独栋别墅 12800 元 / 栋，标准间 1288 元 / 间，所有客房旺季可享受 6 折优惠，淡季可享受 4 折优惠。

住在酒店的宾客可免费享受垂钓项目。

联系电话：0312-5112598

白洋淀庆洋半岛酒店是由北京庆洋汽车销售服务有限公司按照五星级标准独资开发建设的。酒店位于白洋淀景区大麦淀内一个独立的岛屿上，岛屿占地 100 亩，岛上建设配置项目有独栋度假别墅、客房、餐饮、温泉、娱乐、会议等服务项目，酒店可承接 200 人左右的住宿、餐饮和会议，酒店周边拥有 400 亩的水域经营面积，可开展垂钓、水上娱乐等项目，该酒店是安新地区档次最高经营面积最大的综合型温泉度假项目。

4

阜平县怡心园

度假村有限公司

出行信息

地址：阜平县天生桥镇小车沟村

驾车路线：保阜高速五台山方向，天生桥出口，去阜平县城左转 2 公里，南行 1 公里即到。

公交路线：阜平县至天生桥、龙泉关公共汽车小车沟下车即到。

垂钓品种及参考价格：草鱼 12 元 / 斤、鲤鱼 10 元 / 斤、花鲢 12 元 / 斤、甲鱼 100 元 / 斤、锦鲤 15 元 / 斤

特色美食：大盆肘子、柴鸡炖山蘑、铁锅炖鱼、阜平乱炖、农家小炒、玉米面贴饼子、菜团子、棒糙粥等农家饭菜。

重点推荐：大盆肘子

餐饮人均消费：40 ~ 50 元

住宿情况：普通间 100 元 / 间

安全保障：天生桥派出所 3.5 公里，0312-7853152。

温馨提醒：鱼塘水深 5 ~ 10 米，请注意安全。本度假村农家菜美味可口，用餐请提前预订。

联系电话：0312-7853333，15032248666、13582279029

阜平县怡心园度假村坐落在革命老区小车沟村，流域面积5000余亩，水域面积45亩。总建筑面积47000平方米，建有引景、门景、月亮湖、月亮湾别墅区(环湖带状别墅、掌状别墅群、会议接待中心)、凉亭、核桃沟度假村、小寨崖烈士公墓、观光采摘园、休闲垂钓区、森林保护区等，是保定市最大的集垂钓、餐饮、养殖、采摘观光、娱乐为一体的休闲度假村。

度假村运行以来，建成了垂钓、水上游乐、采摘、住宿、餐饮等休闲项目。每年元宵节举办元宵灯火晚会，布“九曲连环阵”，丰富了人们的节日生活。度假村还举办了阜平县月亮湾杯垂钓比赛和金秋月圆游玩赏月篝火晚会，并利用山场面积广阔、植被丰富，山沟内杏树、核桃、板栗、苹果等果树众多、品种齐全等优势，开展了观光采摘活动。

度假村内提供当地特色大盆肘子、铁锅炖柴鸡（鱼），出售营养价值丰富的阜平特产，包括大枣、柴鸡蛋、北瓜、山蘑、核桃、板栗、花椒等。

5

葛家台水库

出行信息

地址：阜平县史家寨乡葛家台村

驾车路线：保阜高速五台山方向，阜平西出口，沿阜繁线去往山西繁峙方向，到东槽岭村右拐葛家台方向，大约15公里即到。

公交路线：阜平县至葛家台公交车，葛家台下车即到。

垂钓品种及价格：草鱼12元/斤、鲤鱼10元/斤、花鲢12元/斤、甲鱼100元/斤

特色美食：柴鸡炖山蘑、铁锅炖鱼、农家小炒、铁锅烙饼、玉米面饼子、玉米粥、柴鸡蛋等农家饭菜。

餐饮人均消费：30～40元

安全保障：天生桥派出所0312-7293144

温馨提醒：用餐请提前预订。

联系电话：0312-7853333，15032248666、13582279029

阜平县葛家台水库水域面积40余亩，从事草鱼、鲤鱼、花白鲢等鱼类养殖。风景秀丽，空气清新，水库周边种有核桃、板栗、花椒、北瓜等，全部源自无污染的深山区，是集垂钓、餐饮、养殖、采摘为一体的休闲娱乐基地。

基地内出售营养价值丰富的阜平特产，有花椒、柴鸡蛋、北瓜、核桃、板栗、蜂蜜等。

6

阜平县三道岭

休闲度假有限公司

出行信息

地址：阜平县天生桥镇下河村

驾车路线：保阜高速五台山方向，阜平西出口，去天生桥方向，不老树村右转，北行3公里即到。

垂钓品种及价格：草鱼12元/斤、鲤鱼10元/斤、花鲢12元/斤、甲鱼100元/斤

特色美食：柴鸡炖山蘑、铁锅炖鱼、农家小炒、铁锅烙饼、玉米面饼子、玉米粥、柴鸡蛋等农家饭菜。

餐饮人均消费：30元

安全保障：天生桥派出所0312-7853152

温馨提醒：用餐请提前预订。

联系电话：13722241688

阜平县三道岭休闲度假有限公司水域面积300多亩，从事草鱼、鲤鱼、花白鲢、甲鱼等鱼类养殖。度假村建有别墅群，风景秀丽，空气清新，是夏季旅游避暑的好去处。基地还出售营养价值丰富的阜平特产，有柴鸡蛋、北瓜、核桃、栗子、花椒等。

河北 HEBEI

03

沧州

1

梦荷居

垂钓园

出行信息

地址：任丘市鄚州镇李广二村

驾车路线：路线 1. 从北京方向来，大广高速公路鄚州（白洋淀）出口，右转 106 国道北行 10 公里左转顺鄚雄路过鄚州大庙上千里堤西行约 3 公里至李广村即到。路线 2. 从石家庄方向来，京石高速（北京方向）转保沧高速（沧州方向）再转大广高速（北京方向）在鄚州出口下，或走石黄高速（黄骅港方向）转大广高速（北京方向）在鄚州出口下，右转 106 国道北行 10 公里左转顺鄚雄路过鄚州大庙上千里堤西行约 3 公里至李广村即到。

公交路线：任丘市区乘坐任丘－李广公交车，在李广下车东行约 1 公里。

垂钓品种及价格：草鱼 10 元 / 斤、鲤鱼 10 元 / 斤、花鲢 14 元 / 斤、鲫鱼 10 元 / 斤。

会员卡办理：1500 元免费提供 100 公斤有机水稻，钓鱼 5 元 / 斤，不限次数。

特色美食：炖鱼、炖柴鸡、炖各种特色野味、熏鱼、酥鱼、河蟹、糊饼、鱼馅水饺等农家饭菜。

重点推荐：炖野生鱼、鱼馅水饺

餐饮人均消费：40 ~ 50 元

住宿情况：8 间标准间及套间，价格 100 元 / 间 。

安全保障：鄚州镇派出所 4 公里，0317-3337846。

温馨提醒：住宿及用餐请提前预订。

联系电话：13930756072

任丘梦荷居垂钓园占地面积 500 余亩，其中垂钓面积 100 余亩、各种荷花种植面积 150 亩、有机水稻种植面积 200 余亩，地处“华北明珠”白洋淀，交通便利，环境优美，集垂钓、餐饮、养殖、采摘和观光为一体。

园区内提供当地具有白洋淀特色的农家饭——柴锅炖鱼、炖鸡、炖各种特色野味、各种熏鱼、酥鱼、红心鸭蛋、莲子等美食；出售有机大米、鸡头米、菱角米、荷叶茶、大雁蛋、芦苇工艺画等白洋淀特产；观赏荷花、锦鲤及白洋淀观光旅游等项目。

河北 HEBEI

04

承德

1

鼎家生态观光园

垂钓园

出行信息

地址：承德县五道河乡九道河村

驾车路线：上京承高速六沟出口下左转，行驶4公里过三沟大桥右转，沿三柳线行驶16公里即到。

公交路线：承德汽车北站搭乘承德至五道河或十道河班车即到。

垂钓品种及价格：1. 休闲垂钓品种及参考价格：草鱼14元/斤、鲤鱼13元/斤、花鲢16元/斤、鲫鱼14元/斤

2. 路亚垂钓参考价格和垂钓规则：120元/人；会员卡办理：10次1000元；20次1800元。要求垂钓上的鱼放回垂钓池塘。

3. 竞技垂钓参考价格和垂钓规则：30元/人次。练杆会员卡办理：500元（4月1日至10月31日），不限次数要求垂钓上的鱼放回垂钓池塘。

特色美食：侉炖鱼、清炖柴鸡、侉炖柴鸡，窝瓜炖红薯，三角肉、玉米面贴饼子、烙糕、白高粱米粥、菜团子、棒糙粥等农家饭菜。

重点推荐：侉炖鱼、现磨农家豆腐、自产各种有机杂粮和蔬菜，野猪肉

餐饮人均消费：30 ~ 50元

住宿情况：10间普通间，100元/间。

安全保障：五道河派出所1公里，0314-3028110。

温馨提醒：垂钓园设施专业，能提供多种多样的垂钓服务，场内可竞技垂钓、路亚垂钓及休闲垂钓；本园农家菜原料全部自产切达到有机标准、美味可口，用餐请提前预订。

联系电话：0314-3028158，18713489858

鼎家生态观光园坐落在自然环境优美、生态环境天然，森林覆盖率达到63%的老牛河发源地——承德县五道河乡九道河村。

承德鼎家生态观光园占地面积13万余平方米，共有5000余平方米水面。观光园现已建成生态鱼垂钓区、竞技钓和休闲钓三个垂钓区，无公害蔬菜生产区，餐饮区、特色养殖区、登山体验区等五大功能区，是集垂钓、餐饮、养殖和休闲娱乐、观光为一体的综合性休闲度假、品味自然的生态园区。

园区内提供绿色农家饭——柴锅炖鱼、炖鸡；出售营养价值丰富的土鸡、各种有机蔬菜、猪肉、野猪肉、柴鸡蛋、柴鸡、杂粮等各种美食。

2

丰宁鸳鸯湖

旅游风景区

出行信息

地址：丰宁满族自治县西官营乡卡沟门村

驾车路线：路线 1：从北京城区方向来，沿 112 线向承德方向到胡营村左转至西官营乡卡沟门村黄土梁水库即到。

路线 2：从承德方向来，沿 112 线向丰宁方向到胡营村左转至西官营乡卡沟门村黄土梁水库即到。

垂钓品种及价格：草鱼、鲤鱼、鲢鱼、鲫鱼等。100 元 / 杆。

特色美食：农家铁锅炖鱼、铁锅炖柴鸡，农家咸鸭蛋，玉米面贴饼子、菜团子、棒糙粥等农家饭菜。

重点推荐：农家铁锅炖鱼

餐饮人均消费：40 ~ 50 元

住宿情况：普通标间，价格 100 元 / 间，可接团，有会议室。

安全保障：西官营派出所 1.5 公里。

温馨提醒：可进行垂钓，休闲旅游等项目；本园农家菜美味可口。

联系电话：13903247735

丰宁鸳鸯湖旅游风景区，距丰宁县城 27 公里，紧邻 112 线国道，距新修张承高速公路最近出口 9 公里。景区始建于 1975 年，三面环山，依山傍水，总库容 2830 万立方米，是丰宁最大的水利枢纽工程之一；2010 年 12 月景区被国家水利部列为第 10 批国家水利风景区。景区集养殖、旅游开发、垂钓、住宿于一体，设施齐全，下榻地点在鸳鸯湖酒店。园区内提供当地农家饭——铁锅炖鱼、炖鸡、柴鸡蛋等当地特产。

3

华泰庄园

休闲农业园

出行信息

地址：双滦区偏桥子镇大贵口村

驾车路线：路线 1：从北京方向来，到承德市出口下，直行见红绿灯左转上桥，见红绿灯再左转，即进入 101 国道，直行约 10 公里（翻过秋窝梁）即到。

路线 2：从承德市方向来，走 101 国道，直行约 10 公里（翻过秋窝梁）即到。

公交路线：从承德市方向来，在云山饭店始发站乘 3 路公交车，途经半壁山、雹神庙、闫营子、秋窝等站，到大贵口下车即到。

垂钓品种及参考价格：草鱼 14 元 / 斤，鲤鱼 14 元 / 斤、武昌鱼 14 元 / 斤

特色美食：干烧鱼、炖柴鸡、烤鱼、烤全羊、玉米面贴饼子、小米粥等

重点推荐：干烧鱼、烤鱼、烤全羊

餐饮人均消费：40 ~ 50 元

采摘品种及参考价格：牛奶草莓 30 ~ 40 元 / 斤；樱桃 60 ~ 80 元 / 斤。

安全保障：偏桥子派出所 2 公里，0314—4229518。

温馨提醒：垂钓园设施专业，能提供多种多样的垂钓服务，场内可竞技垂钓、休闲垂钓；用餐请提前预订。

联系电话：0314—4315000，18233875000

承德华泰庄园休闲农业园紧邻市区，整个园区占地总面积 110 亩，其中垂钓餐饮园 30 亩，荷花观赏池 15 亩，菜园 5 亩，采摘园现有樱桃、草莓、蔬菜等 10 余个品种，客房 22 间 1000 平方米，餐厅 1000 平方米，停车场 1100 平方米，主要有孔雀、山鸡、大雁等珍禽养殖，供游人免费观赏，游船供客人免费游玩，该园区是集垂钓、餐饮、住宿、采摘于一体的休闲农业园区。

园内提供承德特色农家饭——干烧鱼、杀猪菜、炖柴鸡、农家大豆腐、烤鱼、烤全羊。

垂钓园自开园以来，经常举办承德市大型钓鱼比赛，2014 年该园区被承德市旅游局评定为五星级乡村旅游示范户，2015 年获得国家旅游局、国家扶贫办颁发的“金牌农家乐”。

4

笑一笑度假村

室内垂钓园

出行信息

地址：双滦区大庙镇，承围线路旁800米

驾车路线：市内可分别从元雹线、松狮线、入承围线（256路）至晨阳汽配城，向围场方向行驶15公里到大庙镇中桥，右拐绕转盘上行800米即到。

公交路线：市内可从火车站（始发）乘2路车，双滦区可乘55路车直达大庙镇下车，上行800米即到。

垂钓品种及价格：鲫鱼、鲤鱼、武昌鱼，100元/天/杆，竞技钓20元/天/杆。

特色美食：全猪宴、铁锅炖大鱼、炖柴鸡、石磨豆腐、小米饭

重点推荐：扒猪脸就小米饭

餐饮人均消费：20～50元

住宿情况：80～300元/天，分淡旺季

安全保障：大庙镇医院800米，0314-4095051;大庙镇派出所1000米，电话：0314-4092035。

联系电话：0314-4092555、4092885，13903243566

承德市笑一笑度假村建于2011年9月，距承德市30公里，北与隆化县、西与滦平县、东与承德县毗邻。境内有当年康熙皇帝打猎时命名的大黑山，海拔1375米，山高林密，山泉遍布，其中大庙东沟村一泉水几十年50厘米粗的水流常年不息。笑一笑度假村就是在此倚山傍水而建成的，度假村占地18亩，建筑面积5000多平方米，集餐饮、住宿、娱乐、垂钓、采摘、会议培训于一体，面向不同需求的游人。

室内垂钓园充分利用山林氧吧和天然山泉，修建了占地500平方米的室内鱼池。鱼池深2.8米，水深2米，专门养殖北方耐寒鱼类。为适应北方冬钓爱好者的需求，鱼池上方扣建6米高的钢构架的阳光板房，目前投放鱼种主要是鲫鱼、鲤鱼、武昌鱼。

度假村园内建有2亩蔬菜园，山坡处建有一果园，主要种有桃树和杏树。

5

渔阳山庄

垂钓采摘园

出行信息

地址：双滦区大庙镇，承围线路旁800米

驾车路线：市内可分别从元雹线、松狮线、入承围线（256路）至晨阳汽配城，向围场方向行驶15公里到大庙镇中桥，右拐绕转盘上行800米即到。

公交路线：市内可从火车站（始发）乘2路车，双滦区可乘55路车直达大庙镇下车，上行800米即到。

垂钓品种及价格：鲫鱼、鲤鱼、武昌鱼，100元/天/杆，竞技钓20元/天/杆。

特色美食：全猪宴、铁锅炖大鱼、炖柴鸡、石磨豆腐、小米饭

重点推荐：扒猪脸就小米饭

餐饮人均消费：20～50元

住宿情况：80～300元/间，分淡旺季。

安全保障：大庙镇医院800米，0314-4095051；大庙镇派出所1000米，0314-4092035。

联系电话：0314-4092555、4092885，13903243566

整个园区占地总面积162亩，其中垂钓餐饮园10亩，采摘园现有温室58栋152亩，是集垂钓、餐饮、采摘于一体的休闲农业园区。

园内提供承德特色农家饭——干烧鱼、杀猪菜、炖柴鸡、农家大豆腐、烤鱼、烤全羊。

采摘园采摘时间主要集中在春节前至次年6月前，以草莓、鲜葡萄、香瓜、西红柿、食用菌等为主。

2014年被承德市旅游局评定为四星级乡村旅游示范户。

6

丰宁万佳丰

农业发展有限公司

出行信息

地址：承德市丰宁满族自治县黑山咀镇八间房村

驾车路线：路线 1：从北京城区方向来，过怀北至丰宁，到县城南边向右走到黑山咀镇八间房村即到。

路线 2：从承德方向来，到丰宁县南关乡左转向长阁方向走，到长阁后左转至黑山咀镇八间房村即到。

公交路线：可坐到西两间房、八间房的公共汽车到八间房下车。

垂钓品种及价格：草鱼、鲤鱼，100 元 / 杆；竞技垂钓参考价格和垂钓规则：议价。

特色美食：侉炖鱼、侉炖柴鸡，柴锅灶台鱼，玉米面贴饼子、棒碴粥等农家饭菜及特色烤羊、烤鱼

重点推荐：特色烤羊

餐饮人均消费：40 ~ 50 元

住宿情况：10 间普通间，价格 100 元 / 间；垂钓园有免费临时休息设施。

安全保障：黑山咀派出所 5 公里。

温馨提醒：垂钓园设施专业，能提供多种多样的垂钓服务；本园农家菜美味可口，用餐请提前预订。

联系电话：13931420378，13171619394

丰宁万佳丰农业发展有限公司总占地面积 30 余万平方米，是集采摘、垂钓、农家餐饮于一体的休闲游乐场所。采摘园主要以春季桃、葡萄为主，垂钓园占地 1 万余平方米，环境优美、水面宽阔，是丰宁县钓协组织活动的场所之一。

公司距丰宁县城约 100 公里，距著名景区白云古洞 25 公里，交通方便。

7

国臣

垂钓园

出行信息

地址：双滦区偏桥子镇三家村西口

驾车路线：路线 1：从双滦区方向来，走双偏路，途经污水处理厂，沿双偏路一直走，看到三家生态文明村，前行 200 米，向右转即到。

路线 2：从双桥区方向来，走闫营子路，途经偏桥子镇，看到郭家沟村前行 500 米即到。

公交路线：在双滦区矿机站或锦绣城站乘坐 57 路公交车到三家村站下车，前行 100 米即到。

垂钓品种及价格：草鱼 14 元 / 斤、鲤鱼 13 元 / 斤、花鲢 16 元 / 斤、鲫鱼 14 元 / 斤、鲟鱼 45 元 / 斤。抡杆垂钓参考价格和垂钓规则：100 元 / 3 小时 / 人 / 杆，200 元 /7 小时 / 杆。如有鲟鱼放入，200 元 /3 小时 / 杆，400 元 /7 小时 / 杆。

特色美食：侉炖鱼、咸菜小米粥、铁锅炖柴鸡、玉米面贴饼子、菜团子、棒碴粥等农家饭菜

重点推荐：侉炖鱼

餐饮人均消费：30 ~ 50 元

温馨提醒：垂钓园设施专业能提供多种多样的垂钓服务，用餐请提前预订。

安全保障：偏桥子镇派出所 3.2 公里。

联系电话：13831480348 申先生，15832419687 金女士

国臣垂钓园占地面积 14000 多平方米，共有 3 个池塘，现已建成竞技钓和休闲钓两个垂钓区，成为双滦地区环境优美、水面宽阔、设施齐全，集垂钓、餐饮和采摘为一体的综合性休闲度假村。

度假村内提供当地农家饭——铁锅炖大鱼、炖柴鸡；出售营养价值丰富的土鸡和土鸡蛋；池塘旁边还有绿色有机葡萄。

8

嘉格

垂钓园

出行信息

地址：双滦区偏桥子镇三家村南1公里处

驾车路线：路线1：高速路线京承高速双滦区下道口右转5公里即到。

路线2：市区东方向来，101国道至偏桥子，走双偏公路2公里即到。

路线3：市区西方向来，行车至双塔山锦绣城，红绿灯左转，5公里即到。

公交路线：乘57路公交车郭家沟下车。

垂钓品种及价格：草鱼12元/斤、鲤鱼12元/斤、花鲢15元/斤、鲫鱼12元/斤、青鱼15元/斤、嘎鱼20元/斤。或按时间，20元/小时。

特色美食：农家炖大鱼、菜团子、棒粒粥、玉米面贴饼子，炖柴鸡等。

重点推荐：农家炖大鱼

餐饮人均消费：30～40元

安全保障：偏桥子派出所3.5公里，0314-4229518。

温馨提醒：垂钓园设施专业，能提供多种多样的垂钓服务；用餐请提前预订。

联系电话：13932421596

嘉格垂钓园占地18800平方米，共有3个池塘，现已建成3个垂钓区，观赏鱼和食用鱼养殖生产区、特色垂钓园、高产高效渔业生产基地粗具规模，成为双滦地区环境优美、水面宽阔、设施齐全，集垂钓、餐饮、养殖和观光为一体的综合性休闲度假、科技生态园区。

园区内提供当地农家饭——农家炖大鱼、炖柴鸡等。出售营养价值丰富的波尔山羊、土鸡；观赏红白锦鲤、大正锦鲤和金鱼等。

9

刘关会

垂钓园

出行信息

地址：围场县半截塔镇榆林子村4组

驾车路线：从围场往半截塔方向，到半截塔镇，往榆林子村方向行驶7公里即到。

垂钓品种及价格：1. 休闲垂钓品种及参考价格：草鱼12元/斤、青鱼15元/斤、鲤鱼12元/斤、鲫鱼12元/斤、观赏鱼25元/斤。2. 冷水鱼品种及参考价格：鲟鱼45元/斤、虹鳟鱼25元/斤、金鳟鱼35元/斤、七彩鲑88元/斤、三文鱼120元/斤。3. 竞技垂钓参考价格和垂钓规则：30元/人/次。练杆会员卡办理：500元（4月1日至10月31日，不限次数，要求垂钓上的鱼放回垂钓池塘）。

特色美食：铁锅炖鱼、特色烤鱼、铁锅炖柴鸡，腊肉豆角，咸鹅蛋、玉米面贴饼子、莜面饸饹等农家饭菜。

重点推荐：特色烤鱼

餐饮人均消费：20～50元

住宿情况：正在建设中

安全保障：半截塔派出所7公里，0314-7936516

温馨提醒：垂钓园设施专业，能提供多种多样的垂钓服务，场内可竞技垂钓、休闲垂钓；用餐请提前预订。

联系电话：0314-7935006，15632487810 15632487809

围场满族蒙古族自治县半截塔镇关会垂钓园占地80余亩，共有7个池塘。垂钓园分为四大家鱼垂钓区，冷水鱼及观赏鱼养殖生产区，烤鱼特色餐饮区，蔬菜、水果种植区四个部分。垂钓园持续经营20多年，是当地环境优美，乡土气息浓郁，集垂钓、餐饮、采摘观光为一体的综合性休闲度假生态园区。

园区内提供当地农家饭——特色烤鱼、干烹山鸡，尤其是具有当地特色的山野菜，纯正的柴鸡蛋 、鸭蛋、鹅蛋，自家栽培的李子、葡萄、各种蔬菜更是受到客人们的称赞。

多年以来，周边钓鱼爱好者一直把关会垂钓园当成休闲娱乐的最佳去处。县钓鱼协会也多次在这里举行钓鱼比赛。

10

绿雅

垂钓园

出行信息

地址：高新区冯营子镇石门子村

驾车路线：京承高速公路迎宾路出口，沿京承旅游路北京方向行驶 12 公里即到。

垂钓品种及价格：草鱼 14 元 / 斤、鲤鱼 14 元 / 斤、花鲢、白鲢 15 元 / 斤，鲫鱼 14 元 / 斤、鲟 30/ 斤、嘎鱼 25 元 / 斤

特色美食：侉炖鱼、炖柴鸡，柴锅灶台鱼，农家大豆腐、玉米面贴饼子、菜团子、棒楂粥 、驴打滚、黏饼子

重点推荐：麻辣香锅鱼、扒猪脸

餐饮人均消费：40 ~ 50 元

住宿情况：10 间普通间，价格 100 元 / 间

安全保障：冯营子派出所 5 公里，0314-2053610

温馨提醒：垂钓园设施专业，能提供多种多样的垂钓服务，场内可竞技垂钓、休闲垂钓；用餐请提前预订。

联系电话：13832416606

绿雅垂钓园占地面积 150 亩，共有 27 个池塘。现已建成竞技钓和休闲钓两个垂钓区，观赏鱼和食用鱼养殖生产区，特色垂钓园、高产高效渔业生产基地粗具规模，成为承德地区环境优美、水面宽阔、设施齐全，集垂钓、餐饮、养殖和观光为一体的综合性休闲度假区。

园区内提供当地农家饭——铁锅炖鱼、炖鸡、农家大豆腐；观赏红白锦鲤、大正锦鲤和金鱼等观赏鱼；采摘有机蔬菜，生态果品等。

绿雅垂钓园自开园以来，得到广大钓友和市、区钓鱼协会的支持和厚爱，承德市钓鱼协会挂牌确定为竞技、休闲健身垂钓基地。

11

平泉县柳溪

冷水鱼养殖基地

出行信息

地址：平泉县柳溪镇辽河源国家森林公园腹地

行车路线：承朝高速平泉口驶出去柳溪镇方向行驶辽河源国家森林公园旅游路 50 公里即到。

重点推荐：冷水鱼系列菜肴、山野菜菌类。

温馨提醒：1. 辽河源国家森林公园距基地 1 公里，可一起游玩；2.12 岁以下儿童及醉酒、心脏病患者禁止漂流。

安全保障：平泉县柳溪派出所在我处设有治安亭，0314-6441017。

联系人：13903143817，13131456888

平泉县柳溪冷水鱼养殖基地距美丽的辽河源森林公园 1 公里。该基地始建于 2006 年，占地面积 150 亩，是集休闲农家游、冷水鱼养殖、菌菜采摘、水上漂流、餐饮食宿于一体的综合性现代农家游。现有餐桌 35 桌，人均消费 25 ～ 50 元，标间客房 40 间，每间 100 元；冷水鱼养鱼池 3000 平方米，水冲厕所两处，垂钓池 13 亩；食用菌采摘园 2 亩，蔬菜采摘园 10 亩；水上娱乐场 15 亩，水上漂流 5 公里；停车场 33000 平方米。2014 年被农业部评为国家级健康养殖示范场。

冷水鱼养殖基地是自 2006 年开始进行引种试验养殖，通过近 10 余年的探索发展，目前已建成冷水鱼基地养殖面积 3000 平方米，亩产达 4700 公斤，主要品种有：细鳞鱼、娃娃鱼、鲟鱼、金鳟、虹鳟、哲罗鲑、七彩鲑等。来到这里不但可以让你欣赏到“群鱼嬉水”、“听歌鱼舞”，还可以从事休闲垂钓、品味冷水鱼人间美味，每斤 40 ～ 80 元。

养殖基地还利用辽河的天然水系形成原生态漂流冲浪，全长 5 公里，漂流时间可达 3 小时以上。票价 60 ～ 80 元。来到这里你不但可以亲近自然，体验挥桨击水，领略漂流热情，还可以寻迹辽河源头，探秘契丹祖地，享受戏水乐趣。这里汇集了大辽河最上游优质水流，不但具有景色宜人的蓄水坝，水量大，落差高，可给你带来峡谷急流搏浪飞舟的惊险刺激，还有小桥流水般江南水村的休闲之感，堪称中国北方首选的漂流胜地。

这里还建有蔬菜、食用菌采摘园12亩（食用菌2亩、绿色蔬菜10亩），在这里不但可以进行蔬菜采摘、音乐欣赏、旅游观光，还可以进行菜肴自制、园田管理等体验项目，让你充分领略自然、绿色、劳动的农业生产乐趣。

平泉县柳溪乡冷水鱼养殖基地融度假、餐饮、观赏、娱乐为一体，兼现代农业、乡土风情、娱乐休闲、文化教育和农事体验为一身，特色美食有烤全羊、烤冷水鱼，生鱼片，野菜食用菌类、石磨豆腐、农家饭菜等，实现现代农业与旅游业的有机结合。优越的自然条件、优美的生态环境是你休闲娱乐的最理想去处，毗邻的辽河源国家森林公园环境幽静、空气清新、风光旖旎，在劳累工作之余来此休心、养性、健身，进入一处远离喧哗浮躁、山清水秀的桃花源。来平泉县柳溪乡冷水鱼养殖基地游览，届时，我们还可以提供半价门票到美丽的辽河源景区进行游览观赏。

12

鱼兴庄园

出行信息

地址：双滦区偏桥子镇二道沟村

驾车路线：路线 1：从北京城区方向来，京承高速公路红石砬出口，去承德方向 10 公里即到。

路线 2：从承德城区方向来，走 101 国道距城区 5 公里即到。

公交路线：承德市水文宾馆乘 3 路公交车二道沟村下车即到。

垂钓品种及成品菜价格：草鱼 15 元 / 斤、鲤鱼 15 元 / 斤、鲫鱼 15 元 / 斤、金樽鱼 38 元 / 斤、鲟鱼 38 元 / 斤、虹鳟鱼 35 元 / 斤、嘎鱼 25 元 / 斤。（此单价为加工后菜肴价格）

特色美食：柴锅炖鱼、炖鸡；清蒸鲟龙鱼，烧烤金樽、虹鳟鱼；干烹鲤鱼；农家玉米面贴饼子、菜团子、棒楂粥等农家饭菜。

重点推荐：清蒸鲟龙鱼 干烹鲤鱼

餐饮人均消费：40 ~ 50 元

住宿情况：10 间普通间，价格 100 元 / 间

安全保障：偏桥子派出所 1 公里，0314-4229518

温馨提醒：垂钓园设施专业，能提供多种多样的垂钓服务，场内可竞技垂钓及休闲垂钓；用餐请提前预订。

联系电话：0314-4229329，13931401992

承德鱼兴庄园占地面积 10 万余平方米，共有大型池塘 4 个。现已建成竞技钓和休闲钓 2 个垂钓区、观赏鱼和食用鱼养殖生产区，特色垂钓园、高产高效渔业生产基地粗具规模，成为承德地区环境优美、水面宽阔、设施齐全，集垂钓、餐饮、养殖和采摘观光为一体的综合性休闲度假生态园区。

园区内设有农家饭店，店内有柴锅炖鱼、炖鸡，清蒸鲟龙鱼，烧烤金樽、虹鳟鱼，干烹鲤鱼，农家玉米面等营养价值丰富的特色饭菜。

13

湛营水库碧水湖

垂钓园

出行信息

地址：双滦区西地乡肖店村
驾车路线：路线1：从北京、滦平走京承高速红石砬下高速，奔承钢方向前行500米即到。
路线2：从承德走京承高速红石砬下高速，奔承钢方向前行500米即到。
路线3：从双滦、滦河、承钢、西地方向来走112国道4公里即到。
路线4：走承赤高速承德西（肖店）高速口下道，走112国道奔北京方向前行2.5公里即到。
公交路线：锦绣城枢纽站、滦河、承钢厂部、果山站乘50路写有湛营的公交车，到站后前行600米即到。
垂钓品种及价格：14元/斤，如果是会员还可以优惠。
特色美食：炖鱼、柴鸡炖蘑菇、咸柴鸡蛋、咸鸭蛋、农家豆腐、玉米面贴饼子、二米饭等农家饭菜。
住宿情况：普间100元/间、标间150元/间。
温馨提醒：垂钓、餐饮、住宿、采摘都有会员价。
联系电话：13831417673、13603344899、13833426915

湛营水库碧水湖垂钓园占地面积35余万平方米，水库水面面积6万平方米，已成为承德市双滦区环境优美、水面宽阔、设施齐全，集垂钓、餐饮、住宿、采摘、养殖、观光和游玩于一体的综合休闲度假好场所。

园区内提供当地农家饭，有自家散养的柴鸡、柴鸡蛋，散养的鸭子、鸭蛋，水库里有纯天然草鱼、鲫鱼、鲤鱼、胖头鱼、大白链鱼等，还能采摘到各种野生蘑菇，在此品尝到的都是无公害的纯绿色食品。

河北 HEBEI

05

邯郸

1

岳城水库香水

垂钓园

出行信息

地址：邯郸市磁县岳城镇香水村南

公交路线：802 路、803 路公交车邯郸—岳城（香水村南）终点站向西 100 米路南。

垂钓品种及价格：草鱼（2 ~ 10 斤）13 元 / 斤、鲤鱼（2 ~ 10 斤）13 元 / 斤、鲫鱼（0.5 ~ 5 斤）13 元 / 斤、草鱼（10 ~ 20 斤）16 元 / 斤，钓鱼卡价值 1100 元，钓鱼 100 斤，钓完为止。儿童乐园：观赏鱼 10 ~ 20 元 / 条，提供钓渔杆，保证存活。

餐饮人均消费：40 ~ 70 元

住宿情况：6 个标间，价格 100 元 / 间

安全保障：与岳城镇派出所 2.5 公里。

温馨提醒：住宿、聚餐请提前预约。

联系电话：15833031114，13831008681

岳城香水钓鱼园位于亚洲第一土坝岳城水库（一级水源）东北角，占地面积 10 万平方米，共有 8 个池塘，是国家无公害养殖基地。香水垂钓园以大型养殖、垂钓、餐饮、住宿、旅游为一体，水面宽阔，空气清新，原生态环境，是休闲度假的好地方。

特色美食有铁锅炖鱼、炖鸡、烤山羊、原生态蔬菜、野菜、岳城水库银虾、河虾、农家饭等。

2

京娘湖

生态庄园

出行信息

地址：武安市活水乡武当山山门前

驾车路线：邯郸站沿 309 国道途径武安市京娘湖到武当山山门前。

垂钓品种及价格：鲤鱼 15 元 / 斤、草鱼 15 元 / 斤、虹鳟鱼 30 元 / 斤

特色美食：韭菜炒柴鸡蛋、红烧野兔、红烧山猪肉、葱爆山羊肉、清炖柴鸡、京娘湖鱼块、农家老豆腐等农家饭菜。

住宿情况：现设高档、标准、普通客房共计 100 间，可容纳 200 多人同时吃住。

安全保障：距武安市活水乡派出所 7 公里。

联系电话：0310-5976137，15103100368，13231038810

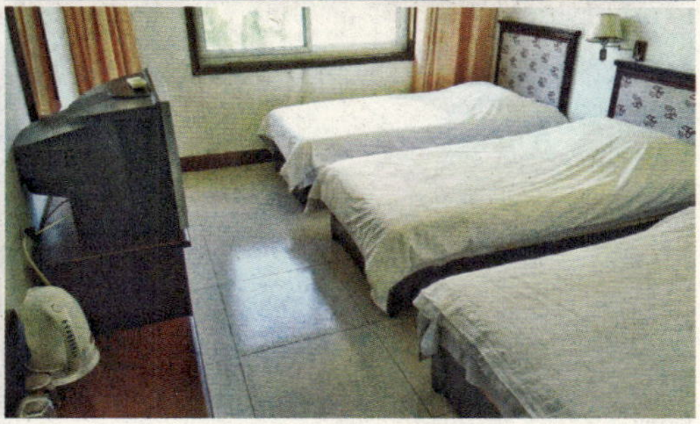

京娘湖生态庄园是一家以夏日避暑、休闲度假、餐饮娱乐、游泳嬉戏、垂钓及住宿为一体的多层次、多方位休闲游玩清凉之地。占地 7000 多平方米，有“清凉夏都”之称。于 2013 年引资开发天然游泳池 1800 平方米，设施配备齐全，是举家游玩、停车住宿的不二之选。

3

蒙古大营

生态园

出行信息

地址：武安市京娘湖景区前 2 公里处

垂钓品种及价格：鲤鱼 15 元 / 斤，鲇鱼 15 元 / 斤，草鱼 18 元 / 斤，虹鳟鱼 25 元 / 斤，花鲢 16 元 / 斤。80 元 / 人 / 天，包括：三餐 + 住宿 + 淋浴 + 停车 + 冰柜储存保鲜鱼品 + 鱼池

特色美食：驴肉卷饼、馅饼；柴火面、柴火炖鱼、山鸡；红烧野兔；野生鲢鱼头。

餐饮人均消费：40 ~ 50 元

住宿情况：风情蒙古包 10 个，别墅 16 栋

温馨提醒：特色烤全羊请提前 4 小时预订。

联系电话：15533300388，13315069883

蒙古大营生态园是一个以生态开发为宗旨，集种植、生态养殖、乡村休闲旅游为一体的绿色生态园。园区内建有室外垂钓园、风情蒙古包、露天篝火广场、爱情相约的玫瑰庄园、绿色有机果蔬采摘、特色烤全羊、骑马、水上乐园等休闲设施，形成别具特色的吃、住、行、游、玩的一站式服务体系。

4

广府

休闲垂钓园

出行信息

地址：邯郸市永年县广府古城北
驾车路线：路线 1：邯郸市区：人民路东延（即广府旅游专线），20 分钟车程即到；路线 2：青兰高速：邯郸东出口下，沿广府旅游专线 15 分钟即到；
路线 3：京港澳高速：永年县出口下，向广府古城方向约 20 公里即到；邯郸北口下，沿邯临线约 20 公里即到。
公交路线：邯郸火车站乘 605 路车，终点站即到。
垂钓品种及价格：1. 休闲垂钓品种及参考价格：草鱼 14 元 / 斤、罗非 18 元 / 斤、鲤鱼 14 元 / 斤、花鲢 16 元 / 斤、鲫鱼 14 元 / 斤、青鱼 18 元 / 斤、嘎鱼 25 元 / 斤。2. 路亚垂钓参考价格和垂钓规则：120 元 / 人；会员卡办理：10 次 1000 元；20 次 1800 元。要求垂钓上的鱼放回垂钓池塘。3. 竞技垂钓参考价格和垂钓规则：30 元 / 人。练杆会员卡办理：500 元（4 月 1 日至 10 月 31 日），不限次数要求垂钓上的鱼放回垂钓池塘。
特色美食：广府酥鱼，全驴宴、酱驴肉、驴蹄筋，驴肉香肠，河虾，灌掌鞭
重点推荐：广府酥鱼、全驴宴
餐饮人均消费：50 ~ 100 元
住宿情况：100 间普通间，100 元 / 间。
安全保障：广府派出所 1.5 公里：0310-6660110。
温馨提醒：垂钓园设施专业，能提供多种多样的垂钓服务，场内可竞技垂钓、路亚垂钓及休闲垂钓。
联系电话：0310-6630851，13831091618

广府休闲垂钓园占地 300 亩，共有 10 个池塘，现已建成路亚钓、竞技钓和休闲钓三个垂钓区、观赏鱼和食用鱼养殖生产区，特色垂钓园、高产高效渔业生产基地粗具规模，成为邯郸地区环境优美、水面宽阔、设施齐全，集垂钓、餐饮、养殖和观光为一体的综合性休闲度假、科技生态园区。

园区有可供 300 人同时就餐的大型会馆，让游客品尝到广府的特色菜肴——酥鱼、全驴宴、豆皮、灌掌鞭，所用的豆腐、肉类、蔬菜等均来源于园区。

广府垂钓园自开园以来，吸引了冀鲁豫周边大量垂钓爱好者前来游玩，获评为“全国垂钓基地”。

5

张岩嵛

生态养殖园

出行信息

地址：张岩嵛赵都陵塔园广场

驾车路线：路线 1：北京方向来走京港澳高速到邯郸西出口下往西（往左）武安方向 600 米左右（看路牌）往南（往左）张岩嵛方向 1 公里路西（右手边）即到。路线 2:北京－京港澳－邯郸北－北环－西环－上邯武大桥武安方向（人民西路）3 公里左右张岩嵛村即到。

公交路线：南路 808 、15 路公交车 、张岩嵛村下

垂钓品种及价格：罗非、草鱼、鲤鱼、鲫鱼、花白鲢、青鱼，100 元 / 人 / 杆，多钓多得，时间为 8:00 ~ 17:30，如有其他疑问请打电话咨询。

餐饮消费：炖鸡 100 元 / 只、笨鸡蛋 28 元 / 斤、红烧鱼罗非 60 元 / 条、炸河虾 40 元 / 盘

住宿情况：标间的农家小院、价格 100 元 / 间

温馨提醒：鱼塘水深 2 米 ~ 3.5 米，请注意安全，严禁下塘游泳。

联系电话：13754483644、13582600067

张岩嵛生态养殖园占地面积 3 万余平方米，共有 8 个池塘，现已建成竞技池和休闲垂钓两个垂钓区，园区提供当地特色美食农家饭——炖鸡、红烧鱼、炸河虾、笨鸡蛋。

6

常乐泉养生园

度假村

出行信息

地址：邯郸市涉县索堡镇常乐村东常乐湖畔

驾车路线：路线1：到涉县后沿涉左公路西行10公里到娲皇宫景区停车场后看到索常公路路牌后，左转西行1公里，看到常乐泉养生园即到。

路线2：从左权方向到索堡娲皇宫停车场看到索常公路路牌后，右转西行1公里，看到常乐泉养生园即到。

路线3：从涉县赤岸129师方向来的，走刘张公路北行8公里，到常乐村后看到索常公路路牌后，右转东行300米，看到常乐泉养生园即到。

公交路线：涉县到娲皇宫西行500米或涉县到常乐村东行300米。

垂钓品种及价格：草鱼12元/斤、罗非鱼18元/斤、鲤鱼13元/斤、花鲢16元/斤、鲫鱼12元/斤、鲟鱼20元/斤、哲罗鲑40/斤、娃娃鱼400元/斤、鮰鱼20元/斤、嘎鱼25元/斤

特色美食：侉炖鱼、烤鱼、鱼火锅、侉炖柴鸡，烤羊肉、鲟鱼多吃、小米焖饭、菜锅小卷、一锅饭、抿节、玉米面贴饼子、棒楂粥等农家饭菜。

重点推荐：一鱼多吃

餐饮人均消费：30～50元

住宿情况：25间标准客房，价格120元/间

温馨提醒：用餐请提前预订。

联系电话：0310-3925518

常乐泉养生园背倚太行山，前临清漳河，面迎娲皇宫，占地面积160亩，主要养殖鲟鱼、大鲵、哲罗鲑、鮰鱼、虹鳟鱼等观赏鱼和食用鱼类。特色垂钓园、高产高效渔业生产基地粗具规模，是邯郸的后花园。这里的冷泉养殖、依山傍水、环境优美、水面宽阔、设施齐全，是集垂钓、餐饮、会议、避暑、养殖和观光为一体的综合性休闲度假、科技生态园区。

园区内提供柴锅炖鱼、烤鱼、涮鱼、一鱼多吃等以鱼为特色的主题餐厅，这里可以吃自钓鱼 、田园鸡、自榨油 、自种菜，让你舒心享受田园的美味；出售营养价值丰富的贵妃鸡、土鸡、冰葡萄酒、核桃、花椒等。

7

东湖

休闲垂钓园

出行信息

地址：邯郸市曲周县城北

驾车路线：路线 1：邯郸市区：人民路东到曲周县车程 40 分钟。

路线 2：石家庄：裕华路东上京港澳高速南行，邢台南转向邢（台）临（清）高速，到平乡口下，省道宁（晋）魏（县）线南行 20 公里到曲周县城。

垂钓品种及价格：鲤鱼 15/ 斤、草鱼 18/ 斤、花鲢 16/ 斤，50 元 / 人 / 天

特色美食：曲周煎饼汤、饸饹、王庄炖鸡、扒糕、驴肉、白寨挂面、曲面等美食。

餐饮人均消费：50 元左右

住宿情况：30 间普通间，80 元 / 间

安全保障：垂钓园紧邻县城，安全，便利。

温馨提醒：垂钓园设施专业，能提供多种多样的垂钓服务。

联系电话：0310-8892264

东湖休闲垂钓园是曲周县乡村旅游一特色，位于县城北，交通便利，整个垂钓园占地 80 亩，共有 20 个池塘，可供垂钓，是一个乡村休闲娱乐垂钓的好去处。

8

辛庄营渔业协会

垂钓、养殖园

出行信息

地址：马头工业城中华大街与成峰路交叉口南行路南

驾车路线：路线1：从邯郸城区方向来，沿中华大街南行出市15公里成峰路交叉口南行1公里左拐即到。

路线2：从邯郸方向来，走107国道南行到马头镇至成峰路东行2公里到中华大街交叉口南行1公里左拐即到。

路线3：从磁县方向来，沿中华大街北行至辛庄营村路口右拐即到。

路线4：可走京港澳高速G4冀南新区（马头）出口后见红绿灯左拐1公里左拐即到。

公交路线：乘802到辛庄营路口下车，南行500米即到。邯郸市内乘4路、50路、新1路成峰路口下车，南行1000米左拐即到。

垂钓品种及价格：1.休闲垂钓品种及参考价格：草鱼15元/斤、鲤鱼12元/斤、花鲢12元/斤、鲫鱼14元/斤、鲟鱼15元/斤、嘎鱼20元/斤。

2.垂钓参考价格和垂钓规则：50元/人/次；会员卡办理：10次450元；20次800元。要求垂钓上的鱼按5折购买。

3.竞技垂钓参考价格和垂钓规则：30元/人/次。练杆会员卡办理：300元（6个月），不限次数要求垂钓上的鱼按半价购买。

特色美食：炖鱼、酥鱼、咸菜小米粥、炖柴鸡，韭菜炒笨鸡蛋，炒鹅蛋、玉米粥、大锅菜、拽面条等农家饭菜。

重点推荐：炖鱼、酥鱼

餐饮人均消费：40～50元

安全保障：派出所1公里范围内。

温馨提醒：垂钓园设施专业，能提供多种多样的垂钓服务，场内可竞技垂钓、垂钓及休闲垂钓。

联系电话：13931058166

辛庄营渔业协会垂钓、养殖园占地面积1.7万余平方米，共有5个池塘，现已建成垂钓、竞技钓和休闲钓三个钓鱼区，以食用鱼养殖为主。乡村特色的垂钓园、高产高效渔业生产基地粗具规模，成为邯郸地区环境优美、水面宽阔、设施齐全，集垂钓、餐饮、养殖和观光为一体的综合性休闲度假、科技生态园区。

园区内提供乡村实惠的农家饭——柴锅炖鱼、炖鸡；出售营养价值丰富的土鸡、笨鸡蛋；提供采摘园区且出售天然无公害的有机蔬菜南瓜、东瓜、秋葵、茄子等时令鲜菜。

9

田园风光

垂钓园

出行信息

地址：冀南新区马头经济开发区中马头村

驾车路线：路线 1：走京珠高速到冀南新区口下道，上成峰线行至中华路口左转向磁县方向走 2.5 公里即到；

路线 2：从邯郸市向南走中华路过成峰线继续向南走 2.5 公里即道；从峰峰矿区走峰临线到中华路左转沿中华路约 15 公里即到；

路线 3：从河南安阳走 107 国道到磁线峰临路右转到中华路约走 15 公里即到。

公交路线：邯郸汽车乘坐 802 车到中马头钓鱼台站下车即到

垂钓品种及价格：1、休闲垂钓品种及价格：草鱼 12 元 / 斤、鲤鱼 12 元 / 斤、花鲢 15 元 / 斤、鲫鱼 10 元 / 斤

特色美食：生氽鱼、炖土鸡、荷塘翠藕、荷叶蒸菜、大锅菜；烤玉米锅饼、烙玉米饼、黄窝头、菜团子、玉米粒粥、大米稠饭。

重点推荐：生氽鱼

餐饮人均消费：40 ~ 50 元

住宿情况：标间 11 间，80 元 / 间

安全保障：城南派出所 4 公里：0310-2112850。

联系电话：0310—6010008 15233203509 13283185068

田园风光垂钓园（原邯郸市鸿韵休闲垂钓鱼台园）占地面积 3 万余平方米，共有 9 个池塘，现已建成竞技、休闲垂钓区，观赏、摸鱼区，食用鱼养殖区，池塘坝边散养鸡、鸭、鹅区；小型蔬菜采摘区。

垂钓园地理位置优越，交通便利发达；园内风景秀丽，环境优美，日听蝉鸣，夜听蛙声，鸟语花香；身临其景，惬意舒心，自有回归自然之感！园内设有钓鱼台、饭店、宾馆、文体室、划船等设施，集养殖、垂钓、休闲、观光于一体。

河北 HEBEI

06

衡水

1

北海

垂钓乐园

出行信息

地址：冀州市北关村中段路东

垂钓品种及价格：草鱼 12 元 / 斤、鲫鱼 12 元 / 斤、罗非 14 元 / 斤、淡水白鲳 14 元 / 斤、武昌鱼 14 元 / 斤、青鱼 14 元 / 斤、鮰鱼 15 元 / 斤

联系电话：13932832030，13623187381

冀州市北海垂钓乐园，垂钓区 100 余亩，共有 4 个鱼塘，东临中湖大道、衡水湖畔，交通方便，设施齐全，是集垂钓、餐饮、养殖一体的综合性垂钓乐园。园区内设有农家乐，提供酥鱼、土鸡蛋、烤鸭蛋、荷叶茶、衡水湖野生鱼、虾、蟹等特色美食。水上种植了无公害蔬菜床，供游客采摘。

河北 HEBEI

07

唐山

1

大鱼沟

度假村

出行信息

地址：唐山市迁西县小黑汀村北 3 公里

驾车路线：路线 1：经京哈高速“迁西”路牌下道，走京哈迁西支线自驾车半小时后，出迁西收费站向西环路方向走，直行过两个十字路口红绿灯，继续向前走引滦入唐干渠东路，前方 1 公里左右左边有小桥，过小桥按指示牌一直向北过房车营地 300 米即到。

路线 2：承德及邻近市县区域可走三抚路，迁西县城西环路道口向北走引滦入唐水渠东路，前方 1 公里左右左边有小桥，过小桥按指示牌一直向北过房车营地 300 米即到。

公交路线：迁西县境内可乘县内 1 路公交车向北终点站（亚滦湾国际度假酒店）旁边下车，向北行 2 公里。也可在大黑汀水库大坝下车，乘快艇 6 分钟即可到达。

垂钓品种及价格：草鱼、鲤鱼、鲫鱼、鳙鱼、白鲢、嘎鱼、鲇鱼、翘嘴、鲴鱼等。

岸边垂钓白天12小时：100元/人、24小时：150 元 / 人；网箱垂钓：20 元 / 斤、15 元 / 斤、10 元 / 斤；水中垂钓：浮鱼（鳙鱼、白鲢）300 元 / 天；锁网：300 元 / 网；捕捞：500 元 / 网（保鱼获 80 斤以上）。

特色美食：消灭小日本、水煮鱼、烤鱼、板栗红烧肉、栗子鸡、滦河槽鱼、回锅鱼、滦河野鱼大鱼试吃（以上所提菜品全部原材料自产）

重点推荐：回锅鱼、消灭小日本

餐饮人均消费：30 ~ 50 元

住宿情况：24 个标准间，200 元 / 间、150 元 / 间、100 元 / 间

安全保障：距三屯营镇派出所 6 公里，0315-5844110

温馨提醒：垂钓园设施专业，能提供多种多样的垂钓服务，场内可竞技垂钓及休闲垂钓。

联系电话：13932561671，张先生；15032974789，张女士；

固话：0315-5849877，

QQ：757216011

大鱼沟度假村是一处回归自然、体验垂钓乐趣、享受田园风情的慢生活基地，深受京津地区游客青睐。

度假村前身是大鱼沟垂钓园，始建于 2003 年，历经两次扩建，现有客房 24 间，可容纳 200 人同时就餐。度假村依托得天独厚的植被、水面、庄园资源，设置生态养殖区，养殖柴鸡、山羊、淡水鱼；绿色种植区，种植无公害蔬菜、水果，可供采摘；休闲度假区，设有餐厅、客房、长廊、钓场、钓台等。大鱼沟度假村秉承低碳环保、绿色安逸的理念，为游客提供安全的饮食、清幽的环境，是调整身心、舒缓压力、放松心情、增添正能量的理想选择。

2

龙门

垂钓园

出行信息

地址：迁西县汉儿庄乡太阳峪村村东，潘家口水库西岸。

驾车路线：路线 1：从唐山城区方向来，京沈高速公路迁西出口，向西北方向出发，沿西环路直行，到达西环路与三抚公路交叉口左转进入三抚公路，沿三抚公路直行奔栗树湾方向大约 40 公里即到。

路线 2：从承德方向来，沿承秦高速，从承德县、下板城出口离开，沿承栗线行驶即到。沿承唐高速，从半壁山出口离开，沿承栗线行驶即到。

路线 3：从秦皇岛方向来，京沈高速公路迁西出口，向西北方向出发，沿西环路直行，到达西环路与三抚公路交叉口左转进入三抚公路，沿三抚公路直行奔栗树湾方向大约 40 公里即到。

垂钓品种及价格：草鱼 12 元 / 斤、花鲢 15 元 / 斤、鲫鱼 12 元 / 斤

特色美食：咸菜小麦穗、炖柴鸡，柴锅灶台鱼，红薯面饼、菜团子、棒碴粥等农家饭菜。

重点推荐：柴锅灶台鱼

餐饮人均消费：40 ~ 50 元

住宿情况：10 间标准间，100 元 / 间

安全保障：汉儿庄乡派出所 7.5 公里：0315-5879110

温馨提醒：水库水深 6 ~ 20 米，请注意安全。

联系电话：15933418188 、15033371988

垂钓园面积 1000 亩，水深 6 ~ 15 米。环境优美、水面宽阔、设施齐全，是集垂钓、餐饮、养殖和观光为一体的综合性休闲度假生态园区。园区内提供当地农家饭——柴锅灶台鱼、炖鸡；出售潘家口水库野生花白鲢。四海钓鱼曾在此举办过两次大型的垂钓比赛。

3

福林泉

垂钓园

出行信息

地址：滦县古城街道办事处泡石淀村南。

驾车路线：路线 1：从北京方向来，京沈高速公路迁安－滦县出口向南行驶，进入滦县平青乐线，行驶 4.2 公里左转进入滦州镇马庄子村，向东行驶经过大横山营村，在小横山营南行驶至热庄子村，到热庄子村北路口右转 1 公里即到。

路线 2：从滦州古城方向，向北行驶 2 公里途经老站村至大觉寺风景区附近，向北走何茨路经过横山，在西刘各庄村西向左行驶 2 公里途径郭庄、泡石淀村，在泡石淀村南行驶 0.5 公里即到。

垂钓品种及价格：:滦河红鲤鱼 12 元 / 斤，虹鳟鱼 15 元 / 斤，罗非 12 元 / 斤，鲇鱼 12 元 / 斤，撅嘴鲢鱼 11 元 / 斤，草鱼、花鲢、鲫鱼、青鱼均 10 元 / 斤。垂钓上的鱼按斤计算价格，如果不想带走鱼，可以放回池塘，垂钓不收取费用。

特色美食：大锅炖鱼、松木柴火炖大锅柴鸡、玉米面饼子、野菜馅菜饽饽、二米饭、农家院自种各种时令青菜、油炸蚂蚱等农家饭菜。

重点推荐：大锅炖鱼、炖鸡

餐饮人均消费：20 ~ 30 元

安全保障：泡石淀派出所 1.5 公里，0315-7123531。

温馨提醒：鱼塘水深 2 ~ 4.5 米，请注意安全；垂钓设施以自带为主。

联系电话：15532519566、13503156005

滦县福林泉垂钓园位于京东最大的淡水湿地，有丰富的天然冷水泉资源，占地 1700 亩，现已建成高标准泉水生态水稻种植基地 260 亩，泉水淡水鱼养殖场 146 亩，优质果品立体种植园 30 亩，无公害新特蔬菜种植园 16 亩。经过多年发展，已经形成集泉水生态水稻种植、泉水淡水鱼养殖、无公害蔬菜种植、休闲农业旅游为一体的现代化生态观光园。

园内提供当地农家饭——大锅炖鱼、炖鸡、炖肉，各种时令青菜、油炸蚂蚱；出售传统方法腌制的鸡蛋、鸭蛋；出售农家自养的柴鸡、柴鸡蛋。

福林泉垂钓园依山傍水，建立了滦河特有濒危物种滦河红鲤鱼繁育基地，形成了产、加、销、贸、工、农为一体的农业产业化重点龙头企业，是娱乐休闲的好去处。

4

滦县天润水产

生态养殖园

出行信息

地址：滦县响嘡镇葛田庄村西

驾车路线：京哈高速迁安（滦县）出口下高速，沿平青乐线公路直行15公里，右转去田疃村方向直行2公里，看见老龙湾指示牌右转直行2公里，穿过葛田庄村直行1公里即到。

垂钓品种及价格：老龙湾（湖泊）垂钓参考价格：80元/10小时；休闲垂钓品种及参考价格：草鱼、花鲢、鲤鱼、鲫鱼10元/斤，鲢鱼8元/斤，黄颡鱼、鲇鱼、黑鱼15元/斤

特色美食：特色铁锅炖鱼、炖鸡、自种绿色无污染蔬菜、季节性野菜、老龙湾（湖泊）自产鱼虾。

重点推荐：老龙湾（湖泊）自产鱼虾

餐饮人均消费：30～50元

住宿情况：普通间100元/间，套间200元/间

温馨提醒：鱼塘水深2～4米，请注意安全，防止蚊虫叮咬；本园农家菜美味可口、住宿环境优美，请提前预订。

安全保障：滦县古马镇派出所2.5公里，0315-7430110。

联系电话：15833573193、15232486721

滦县天润水产生态养殖园占地600多亩，养鱼水面500亩，分为大水面（老龙湾湖泊）和池塘两个垂钓区，其中天然湖泊（老龙湾）440亩，池塘60亩，有草鱼、鲢鱼、花鲢、鲤鱼、鲫鱼、黄颡鱼、鲇鱼、黑鱼等十多个品种。园区环境优美、水质好、设施齐全，是集垂钓、餐饮、采摘、游玩、观光和养殖于一体的综合性休闲度假科技生态园。

园区内提供当地农家饭菜——特色铁锅炖鱼、炖鸡、自种绿色无污染蔬菜、季节性野菜。

5

滦泽湖水上乐园

出行信息

地址：河北省滦县滦河风景区如意洲

驾车路线：路线1：从京哈高速公路可在迁安、滦县出口下，滦县新城东路口向左到滦州古城母亲广场，右转南行2公里。

路线2：从102国道可在迁安县野鸡坨道口，向南沿平青大线直行。滦县新城东路口向左到滦州古城母亲广场，右转南行2公里。

路线3：从沿海公路可在乐亭出口或在滦南南出口下，行驶平青大线北行，到滦县响嘡镇研山新村路口左转1公里。

路线4：从205国道方向可在滦县新站路口南行到滦州古城，从古城母亲广场南行2公里。

垂钓品种及价格：鲤鱼20元/斤、花鲢12元/斤、鲫鱼25元/斤、青鱼20元/斤

特色美食：河“三鲜”红烧野生滦河鲤鱼、红烧野生滦河鲫鱼、炸野生滦河小虾，地“三鲜”煮花生、烤红薯、煮玉米。

重点推荐：红烧滦河大鲤鱼

餐饮人均消费：30～60元

住宿情况：龙翔花园酒店有标间20间、大房间2间、套间6间、木屋别墅8个，平均价格150元/间。

安全保障：配有保安和专业救护人员，滦县古城派出所距垂钓园区2公里。

温馨提醒：大鱼塘1～3.5米、小鱼塘2～3米，请注意安全。

联系电话：0315-6280555

河北省滦县滦泽湖水上乐园占地面积200万平方米，坐落在滦县滦河风景区内，南距研山塔景区1公里，北距滦州古城景区2公里，距横山大觉寺5公里，现已建成三个垂钓区和野生鱼养殖区，是唐山范围内最大的水上乐园和垂钓园区。该园区是集旅游、观光、餐饮、住宿、垂钓、采摘为一体的综合性度假园区。

6

渔夫水寨

垂钓园

出行信息

地址：河北省唐山市迁西县小黑汀村北

驾车路线：路线1：经京哈高速“迁西”路牌下道，走京哈迁西支线自驾车半小时后，出迁西收费站向西环路方向走，直行过两个十字路口红绿灯，继续向前走引滦入唐干渠东路，前方1公里左右左边有小桥，过小桥马路边有照明灯，沿马路灯杆向前走，走到终点即到。

路线2：承德及邻近市县区域可走三抚路，迁西县城西环路道口向北走引滦入唐水渠东路，路过第一个小桥左转，顺旁边有马路照明道一直向北5分钟到达渔夫水寨。

公交路线：迁西县境内可乘县内1路公交车向北终点站（亚滦湾国际度假酒店）旁边下车。也可在大黑汀水库大坝下车，乘快艇5分钟即可到达。

垂钓品种及价格：草鱼、鲤鱼、鲫鱼、鳙鱼、白鲢、嘎鱼、鲇鱼。岸边垂钓白天12小时：100元/人、24小时：200元/人；网箱垂钓：20元/斤；水中垂钓：浮鱼（鳙鱼、白鲢）300元/天；锁网：300元/网。

特色美食：水煮鱼、烤鱼、水寨鱼头、水寨小炒、板栗红烧肉、栗子鸡

重点推荐：烤鱼

餐饮人均消费：50～80元

住宿情况：17个标准间，价格200元/间，1个贵宾间，500元/间、淡季打折。

安全保障：距县城派出所6公里：0315-5666110

温馨提醒：鱼塘水深2～20米，请注意安全。

联系电话：13931483090（李先生）、13603377412（李先生）、13932544770（白女士）

渔夫水寨全称渔夫水寨特色养殖种植园，它三面环山，东临库区水面，绿水青山，风光秀丽，是一家集餐饮、住宿、垂钓、休闲、娱乐为一体的综合性度假及举办各类活动的理想场所。

渔夫水寨始建于2004年，占地面积100亩，现有干水果园近百亩，主要是迁西特产板栗、核桃、杏、桃、梨、枣、葡萄等，持续采摘时间长达四五个月之久；园内有水面300余亩，野生散养已有三十多年历史，鱼类品种齐全，有鲢鱼、草鱼、鲫鱼、鲇鱼、嘎鱼等，其中垂钓项目有岸边休闲垂钓、钓鱼台商品鱼垂钓、情侣屋垂钓等，鱼类品种多、设备全、环境美，具备举办百人赛事的能力，曾多次举行县、市区域大型垂钓赛事，成功举办了全国垂钓大赛。2008年渔夫水寨成为县级休闲垂钓示范点，堪称华北地区最大垂钓园，2011年定为国家级休闲农业与乡村旅游示范点，滦河文学艺术创作基地，2012年定为全国休闲农业与乡村旅游四星级示范企业，同年被国家农业部评为华北、东北赛区园区创意金奖，全国园区创意银奖，2013年被中国民营商业联合会授予中国最具发展潜力企业。

水上设施有宴宾舫、聚义厅，大型垂钓平台多个。垂钓服务中心“园中园”建筑面积2000平方米，内设多功能会议室、滦河文学艺术展厅、生态演艺大厅，功能齐全，设备先进，可同时容纳400人集会、就餐。具有江南特色的休闲小屋，可供游客休闲住宿，水寨交通方便，驾车经京哈高速直达县城，县城距水寨十几分钟，水路从西坝乘快艇不过几分钟，园区内有安全可靠的停车场。

7

海洋牧场垂钓园

渤海第一海钓园

出行信息

地址：唐山祥云岛

驾车路线：从各出发地驶入唐港高速唐山入口后，可根据唐山海洋牧场指示牌，行至独幽城出口，沿乐港路转行至唐山海港开发区海滨路，南行至祥云湾旅游度假区即到。

垂钓品种及格：以黑鮶为主，石斑鱼、鲈鱼、燕鱼等多种海水鱼

特色餐厅：大甲板海上餐厅、龙舟一桌餐

住宿情况：容纳近千人的三星级宾馆、别墅

水上交通方式：休闲渔船（7 人以下）、游艇（26 人以下）、小快艇（4 人以下）

安全保障：王滩边防派出所、唐港区渔政部门、乐亭县海监均设置驻岛值班室。

联系电话：0315-2921659，15175589501

唐山海洋牧场垂钓园隶属唐山海洋牧场实业有限公司，占海面积 20000 亩，陆域面积 350 亩，为国家海洋牧场示范区、全国休闲渔业示范基地。

这里交通发达，高速公路及国、省道网络形覆盖，距北京 230 公里，距天津 150 公里，距唐山 70 公里，距承德 215 公里，距秦皇岛 80 公里。这里与渤海湾口门相对，垂直暖潮吐纳迅速，水质长期保持在二类标准。

随着千百年古滦河大量泥沙入海，这里形成天然多幅沙砾质海床带，加之海淡水交汇引来数百种海洋生物洄游至此索饵、产卵、孵化，是渤海乃至黄海、东海渔业资源重要的繁殖场之一。

这里旅游便捷，对接北戴河、黄金海岸滨海游，清东陵与承德皇家游、大钊红色游等黄金旅游线，凸显休闲渔业体验特色。

唐山海洋牧场垂钓园所在海域常年进行增殖放流活动，至今已投放人工鱼礁 20 余万空方，致力于打造海钓爱好者的第一海上垂钓乐园。该园区拥有上百个钓点，1000 米长的基钓堤坝与挡浪堤平行而建，同时与珍品鱼网箱养殖区相结合，形成基钓区。区域内建有长 80 米、宽 40 米的多功能海上浮台，其上设有综合活动保障区。现拟依托已建暗坝及已布设水泥沉箱，搭设垂钓平台 80 个，每个垂钓平台可容纳 4 ~ 6 人，同时开展船钓、游钓等多项特色活动，垂钓形式多样。海上垂钓园、海上采摘捕捞园、潜水观光采摘园、海上乐园航母台均已粗具规模，成为京津冀地区第一个集出海观光、休闲垂钓、餐饮食宿、海上养殖为一体的综合型休闲度假、海洋生态园区。

8

银洲湾

垂钓园

出行信息

地址：迁西县旧城乡银洲峪村村北

驾车路线：路线1：从唐山城区方向来，京沈高速公路迁西出口，向西北方向出发，沿西环路直行，到达西环路与三抚公路交叉口右转进入三抚公路，沿三抚公路直行奔郭沟、白沟方向，走大黑汀水库东岸路大约10公里即到。

路线2：从承德方向来，走三抚公路直行奔郭沟、白沟方向，走大黑汀水库东岸路大约10公里即到。

路线3：从秦皇岛方向来，京沈高速公路迁西出口，向西北方向出发，沿西环路直行，到达西环路与三抚公路交叉口右转进入三抚公路，沿三抚公路直行奔郭沟、白沟方向，走大黑汀水库东岸路大约10公里即到。

垂钓品种及价格：草鱼12元/斤、花鲢15元/斤、鲫鱼12元/斤

特色美食：咸菜小麦穗、炖柴鸡，柴锅灶台鱼，红薯面饼、菜团子、棒楂粥等农家饭菜。

重点推荐：柴锅灶台鱼

餐饮人均消费：40～50元

住宿情况：10间标准间，100元/间

安全保障：旧城乡派出所12公里，0315-5760110

温馨提醒：水库水深6～20米，请注意安全。

联系电话：13931464088、15931909088

迁西县银洲湾垂钓园位于大黑汀水库东岸，面积50亩，水深5～10米。环境优美、水面宽阔、设施齐全，集垂钓、餐饮、养殖和观光为一体的综合性休闲度假生态园区。

园区内提供当地农家饭——柴锅灶台鱼、炖鸡；出售大黑汀水库野生花白鲢。

9

玉泉农庄

垂钓园

出行信息

地址：迁西县东莲花院乡西莲花院村

驾车路线：路线1：从唐山城区方向来，京沈高速公路榛子镇出口，向右行驶进入迁曹线，沿迁西方向行驶大约25公里即到。

路线2：从承德方向来，走承唐高速、京沈高速榛子镇出口，向右行驶进入迁曹线，沿迁西方向行驶大约25公里即到。

路线3：从秦皇岛方向来，京沈高速公路榛子镇出口，向右行驶进入迁曹线，沿迁西方向行驶大约25公里即到。

垂钓品种及价格：草鱼12元/斤、花鲢15元/斤、鲤鱼12元/斤

特色美食：炖柴鸡，灶台鱼，红薯面饼、菜团子、玉米粥等农家饭菜。

重点推荐：灶台鱼

餐饮人均消费：40～50元

住宿情况：10间标准间，100元/间

安全保障：东莲花院乡派出所4公里：0315-5982110

温馨提醒：水库水深3～8米，请注意安全。

联系电话：0315-5875366，18733320739

迁西县玉泉农庄垂钓园面积30亩，水深3米，环境优美、水面宽阔、设施齐全，是集垂钓、餐饮、养殖和观光为一体的综合性休闲度假生态园区。

园区内提供当地农家饭——柴锅灶台鱼、炖鸡；出售安梨、雪花梨、大李子。

河北 HEBEI

08

邢台

1

大柳树鱼庄

出行信息

地址：邢台县路罗镇鱼林沟村

驾车路线：从邢台市西南的羊范入口上邢汾高速汾阳方向西行（40.5 公里，27 分钟）至路罗出口左行沿邢左公路（S323）西行（8.6 公里，10 分钟）至鱼林沟村西南 1.5 公里处。

垂钓品种及价格：虹鳟鱼 25 元 / 斤，鲟鱼 28 元 / 斤，加工费 10 元 / 尾

儿童亲水娱乐项目：30 元 / 人，不限时

特色美食：虹鳟鱼清蒸、红烧、烧烤，鲟鱼三吃，养生山野菜等。

重点推荐：鲟鱼三吃

餐饮人均消费：40 ~ 50 元

住宿情况：6 间普通双人间，80 ~ 100 元 / 间（热水、有线电视、开放 wifi、独立卫生间）。

安全保障：路罗镇派出所 2.2 公里，0319-2711199

温馨提醒：鱼塘水深 0.5 ~ 1.0 米，水流湍急，注意安全。水上项目，7 岁以下儿童需由成人陪护。

联系电话：15833664136

大柳树鱼庄，顾名思义，在大柳树下的鱼庄，占地面积 15 亩，以养殖虹鳟鱼、金鳟鱼、鲟鱼等冷水性鱼类为主，兼营农家特色餐饮和体验式休闲娱乐项目，是典型的“前店后场”式家庭农庄企业，集养殖、餐饮、休闲观光、娱乐、度假住宿为一体。

鱼庄始建于 1996 年，现有集约化流水养殖池 5000 平方米，年产量 10 万斤以上，农家特色小餐桌 24 张。2013 年获得农业部无公害农产品产地认定和无公害农产品产品认证，2014 年创建省级渔业标准化示范场。

虹鳟鱼清蒸、红烧、烧烤，鲟鱼三吃，养生山野菜等特色美食令人垂涎欲滴。“碧波荡筏”“水上蹦床”“激流滚筒”等儿童亲水项目让人流连忘返。巍巍太行，溪流淙淙，柳影婆娑，缕缕清香，鱼欢童乐，大柳树鱼庄深得家庭自驾游的青睐，成为观览太行美景意犹未尽的延续和点缀。

2

沙河市泽丰

生态园

出行信息

地址：沙河市秦王湖大坝下

驾车路线：北京、天津、石家庄、郑州、邯郸从 G4（京港澳高速）“沙河市、南和县出口”下，沿 S329 省道西行 50 公里，渡口村西或石岭村东即到。

公交路线：沙河市火车站乘“沙河市－石盆”或“沙河市－白岸”的公交车（每天 6:00、7:00 发车），在石岭村站下车即到。

垂钓品种及价格：草鱼 10 元 / 斤、鲤鱼 10 元 / 斤、水库花鲢鱼 15 元 / 斤、鲟鱼 35 元 / 斤、虹鳟鱼 35 元 / 斤；摸、抓鲤鱼、草鱼 15 元 / 斤，鲟鱼 25 元 / 斤。

特色餐饮：木火铁锅熬菜、铁锅柴火炖土鸡、山里人家全家福、全鱼宴、手擀面、拽面、羊肉米汤、农家时令鲜蔬。

住宿情况：标准间 50 元 / 间。夕阳红养老、度假、避暑、“五线游”服务及价格面议。

安全保障：园区距蝉房乡派出所 3 公里、石岗派出所 4 公里，电话：0319-8676035、8671077。

联系电话：0319-8670888，15132986786

网址：http://xtzfsty.com

沙河市泽丰生态园始建于 2007 年，园区囊括了山场、林区、农田、沟谷、池塘，占地总面积 350 亩。经过几年的建设，现已开展了名贵特优水产养殖、特色餐饮、避暑度假、观光休闲、采摘垂钓、水上欢乐谷等丰富多彩的项目。

3

新合垂钓园

野沟门水库

出行信息

地址：邢台县宋家庄乡野沟门村

驾车路线：从邢台市沿中兴大街向西走邢和公路（S322）行约 46 公里，过放甲铺向左前方离开大路 2.2 公里即到。或继续沿大路向西 2 公里到冶河大桥。

垂钓品种及价格：草鱼、鲤鱼、鲫鱼、武昌鱼，垂钓 100 元 /8 小时。

特色美食：农家小炒、炸河虾、炖山鸡、山野菜、饸饹面等

重点推荐：炸河虾

餐饮人均消费：40 ~ 50 元

住宿情况：冶河山庄是邢台县定点接待单位，有高、中档客房 80 套，床位 200 余张，分家庭住单元房，双套间、高标准间、标准间，普通间等规格，房间内设宽带，空调，有线电视，24 小时热水供应。80 ~ 480 元 / 间

安全保障：宋家庄派出所 7.3 公里，0319-2764003；将军墓镇派出所 7.5 公里，0319-2753314。

温馨提醒：滨邻野沟门水库，注意安全。

联系电话：13930939818

野沟门水库是一座以防洪为主的中型水利枢纽工程，总库容 5040 万立方米，以灌溉为主，结合发电、养鱼和旅游。邢台县新合水产养殖场依托野沟门水库，发展大水面增殖放养、垂钓、捕捞作业，养殖水面 2700 亩。2012 年通过了河北省无公害水产品产地认定和农业部无公害水产品认证。

项目策划： 王颖
责任编辑： 梁媛
装帧设计： 红方众文　龚爽
责任印制： 闫立中

图书在版编目（CIP）数据

2016～2017京津冀休闲垂钓游 / 北京市水产技术推广站，天津市水产技术推广站，河北省水产技术推广站编. -- 北京：中国旅游出版社，2016.5

ISBN 978-7-5032-5606-6

Ⅰ. ①2… Ⅱ. ①北… ②天… ③河… Ⅲ. ①钓鱼（文娱活动）—基本知识②旅游指南—华北地区 Ⅳ. ①G897 ②K928.92

中国版本图书馆CIP数据核字(2016)第077699号

书　　名： 2016～2017京津冀休闲垂钓游

作　　者： 北京市水产技术推广站　天津市水产技术推广站　河北省水产技术推广站
出版发行： 中国旅游出版社
（北京建国门内大街甲9号　邮编：100005）
http://www.cttp.net.cn　E-mail:cttp@cnta.gov.cn
营销中心电话 010-85166503
经　　销： 全国各地新华书店
排　　版： 北京红方众文科技咨询有限公司
印　　刷： 北京全景印刷有限公司
版　　次： 2016年5月第1版　2016年5月第1次印刷
开　　本： 787毫米×1092毫米　1/16
印　　张： 14.5
字　　数： 240千字
印　　数： 1~11000册
定　　价： 39.80元

I S B N　978-7-5032-5606-6
